作文与育人融合教学的校本课程

不妨这样教作文

葛成石 著

中国人民大学出版社
·北京·

序　言

就应该这么教作文

王　君

一个偶然的机会，经由青春语文名师工作室成员推荐，我读到了葛成石老师的书稿《不妨这样教作文》。

一读，不禁鼓掌叫好，情不自禁引以为知己。

《不妨这样教作文》中，有很多葛老师教作文的小故事。最打动我的，就是他对于"真"的坚守。

葛老师"真教"作文，因为他自己，就是一个经常写作的"灵魂写手"。他"真写"，更"写真"。他在用他的每一个作品给学生做示范：做真人，写真文，抒真情。

葛老师笔下的文字，哪怕是小说，都真实得让人唏嘘感叹。比如他的中篇小说《月亮之背》，里面刻画的巫老师、皎月妈，都是典型的完美主义者，他们都将心目中最完美的样子，简单粗暴地套在孩子身上，若孩子与这种"完美"稍稍有偏差，就觉得天要塌下来了。老师写的小说，为什么也这样"丑化"老师？没有别的，就是因为有这样真实的事情。读着葛老师的故事，我的内心热浪翻涌：我懂，一个真正关注孩子的生命状态的人，才会创作出这样的故事。

而他的中篇小说《木叶落》干脆就以"呼唤真实，拒绝虚假"为主题。多少人在讲着假话，却并不认为自己在讲假话，更别说脸红。而主人公卜贝生是个较真的人，于是跟这世界有了不可调和的矛盾。葛老师塑造了一个和现实世界格格不入的人，来表达自己对于"真"的思考和探索。

葛老师的教学随笔，也让我爱不释手。比如那篇教学杂谈《作文的灵性来自宽容》。在葛老师看来，学生自己去发现，去倾听，去感受，是值得鼓励的，不要简单地以"对"和"错"来给他们贴标签。与其鼓励虚伪的高尚，不如宽容真实的缺陷。这样，教出来的作文才有灵性，培养出来的人才有活力。

有了好的理念，自然有好的方法。我看葛老师教作文，真的教得很灵动。

他时常把生活搬进课堂，搬进讲坛。比如他开过"用耳朵写作""在作文中当法官""语文归来花灼灼"等观摩课和讲座。为什么用"语文归来花灼灼"这样的主题呢？他说现在的语文课不是语文本来应该有的样子，语文本应是春天般百花争艳的，而不是死气沉沉、以刷题和考试为唯一目标的。在他的写作课堂上，学生仿佛不是在学写作文，而是在经由各种丰富多彩的方式，全方位地调动自己的五官感受生活，全方位地磨砺自己的思辨力评价生活。他总有一种魔力：让孩子们发现原来生活和作文是如此密不可分，只要投入地生活，就有可能找寻到写作的门径。

葛老师许多的作文观点，都让我深深共鸣。他说不要只关心学生的作文得分如何，更要关心他们写作的状态：是不是感觉在释放？是不是感到很愉悦？他说教育的终极目的，是让人拥有创造幸福的能力，而不是让人畏惧，更不是让人绝望。所以他提倡自由阅读和自由写作。他认为学习上，首要的是不排斥、不畏惧，如果能激发起读写的兴趣，那就是超预期的收获了。自由写作，可以不命题，也可以半命题，让学生写真正想写的，开始写的字数不多也不要批评，慢慢地让学生找到写作如同和知己聊天的感觉，这样，学生动笔的欲望就被激发了，他们就会用纸笔去经营和创造幸福了。写议论文也一样，葛老师让学生通过书面讲道理的方式来解决现实中真正面临的问题，甚至生活中不敢吵的架也用文字吵一回……学生写议论文的能力自然而然就提高了。

哦，我越读越懂了：葛老师在经由自己写作和教孩子们写作，努力实现一个伟大的目标：让孩子们活得更像真实的人，让孩子们活得更幸福。

而葛老师自己，就是一个活得特别真实、特别有"人味儿"的幸福的人。

葛老师爱生活。他的家中挂着自己写的字、画的画，有一幅画题目就叫《生活秀》。他偶尔也拉几下二胡。他有一条小视频，自己在拉弓，猫咪在推弓，意趣盎然。

我还听过一个关于他的有趣故事：有一次葛老师在小区散步，不知谁家的孩子一直在身后跟着，葛老师快他也快，葛老师慢他也慢。葛老师停下来，小男孩终于开了口："叔叔你抽完烟后，烟盒能给我吗？"葛老师立刻明白了，如今小区很多孩子在玩赌烟卡的游戏。葛老师想了想，掏出没抽完的烟盒，将上面的盖子揭下，递给小男孩了。后来，当葛老师那个残缺的烟盒出现在他人面前时，他笑着做了这样的解释："我是做贼一样将烟盒盖子给小男孩的，我怕他家长知道了要把我骂死。但我真的不愿拒绝他，他鼓起了多大勇气才开的口，如果被拒绝，怕是以后要失掉这份勇气，也失掉为自己的愿望去努力争取的能力。和这个结果相比，他多玩一次烟卡又算什么呢？"

这个小故事非常打动我。我的头脑中老是出现这么一个滑稽的画面：一个中年男性"做贼"的可爱样子。

葛老师，是多么地懂孩子，懂童年，懂生活啊！

也只有这样的人，才懂在作文课堂上，应该把孩子们带向何处，如何带过去。

这本书背后的支撑，是葛老师"作文与育人融合教学的校本课程研究"课题。他管理一所学校，工作繁重，但每次课题组成员写听课总结，他都是第一个交稿的。别人问他为什么能写得这么快，他说他心里怎么想就怎么写，所以快。他教学生写作，也总是鼓励学生怎么想就怎么写。写真实的，才是最快的；写真实的，才是最有个性的。

经由语文立德树人，经由写作立德树人，葛老师是真正地、真诚地走在这条道路上啊！

葛老师的作文教学理念，与青春语文的理念是不谋而合的。青春语文讲究经由语言文字的学习探索生命幸福之道，青春语文号召语文教学要为教师和学生创造、保持、享受整个人生的青春状态（即幸福人生）做准备。葛老师也是如此。在办学思路上，他提出了打造"书香校园""宁静校园""活力校园"的口号。前二者好理解，但能提出"活力校园"，则来自他对教育的独到理解和对教育现状的勇敢担当了。

我推荐《不妨这样教作文》，因为本书所提倡的爱生活、爱阅读和爱表达，都是在关注人本身，都是在经由写作，让学生持续地发现自己、认同自己，成为独一无二的幸福的自己。

这就是我们教作文的康庄大道，也是我们教作文的终极目标啊！

谨以此朴素文字，祝贺葛老师新著出版。

2024 年 11 月 26 日于北京五道口

王君，北京市清华大学附属中学语文特级教师。入选"百年中国语文人博物馆""中国语文·教改博物馆"，首届全国中语十大学术领军人物，全国教育改革先锋教师，省级优秀班主任。获得教育部首届国家级教学成果奖。"语文湿地"创建者，青春语文研究者，青春语文名师工作室主持人。出版专著 25 部。人大复印报刊资料全文转载文章 24 篇。语文教学探索和班主任工作探索在全国具有广泛影响力。

自　序

不妨这样教作文

生活是多姿多彩的，然而一旦被我们概念化了，就会黯淡无光。所以我尽量不讲写作理论，好让学生放开手脚，自己去生活中探秘寻宝。我不谈"五感"写作法，而是让他们"用耳朵写作"；我不谈细节描写，而是告诉学生"好作文可以搬上舞台"；我不谈夹叙夹议，而是让学生"在作文中当法官"……

作为长期从事高中语文教学的老师，我为何热衷于谈论小学、初中的作文教学呢？其实，正是高中教学面对的现状、困惑，再加上长时间的反思、考问，才让我感到有责任、也必须下决心谈论这些问题。在本书第十八讲我提到，有一个学生跟我说："你告诉我们这些已太晚了，如果早几年了解，也许还有点用。"这句话也许是许多学生的心声。等他们发现原来学习没必要成为这般桎梏的时候，大把日子已成了回不去的从前。

1. 孩子害怕什么，就应绕开什么

面前有块搬不动的巨石，怎么通过？绕开就行。这是再简单朴实不过的道理了。然而用在学习上，大家不见得都有这样的智慧。有一次聚餐，我因不擅长吸螺蛳而引得同伴争当我的老师；我学起来很笨拙，又引来一阵嘲笑。我只好放弃这道菜，改吃别的。这事我能轻易绕过。但我意识到，如果我是

学生，我不是在吃螺蛳，而是在写作文，读英语，做物理题……那么我被人指点、嘲讽、逼迫的厄运还能摆脱吗？最终结果可能因为某一个弱点，而变得自卑、自闭甚至自暴自弃。

有个高中生语文底子不错，却不肯花时间学语文，偏跟数学杠上了。跟家长反映，家长说：我孩子数学考个位数，所以一直找老师补数学。我说：数学差就别逼他学数学了，要从其他方面入手，让我来跟他聊聊。我看了这个学生的数学试卷，对他说：咱们不提数学，只跟你讲一个汉语词汇——递增。他说：我懂，逐渐增长的意思。我说：好，再考你一个——单调。他说：懂，但不会表达。我问：高速路和林间小道，哪个单调？他说：高速路。我说：对呀，如果你把语文上会的用来做这道数学题，就不至于单调递增区间都不懂了。从喜欢的事物入手，就算没提高，至少学习的欲望还在；偏要将孩子往他害怕的地方推，除了能证明他在这方面有多笨，还能怎样？

多数学生害怕作文，而多数老师恰恰喜欢"作文"不离口，且还要制定出许多条条框框来，好像刻意要增加并强调作文的难度，这样，学生畏惧作文、敷衍作文的现象如何能消除？我曾尝试这样教孩子作文：唱歌，聊天，玩游戏。孩子唱了歌，玩了游戏，也边聊边记了些东西，就是没写作文。下次作文指导，又没写作文。第三次孩子自己都急了：你真的不让我写作文？我说：我们已经写完一篇了，不信你将记的笔记整理一下，再看看中间加些什么话来过渡，题目就是《我改变了对读书的看法》。这是第一篇作文，完全在无意识中完成的。孩子说城市套路深啊！我还念优秀习作，《我想去尿尿》。孩子边听边大笑。我说这是优秀习作，孩子不相信。我问为什么，他说这么写会被老师骂死。我说现在允许你这么写。他终于抓起笔来刷刷刷地写，好像不是在写作文，而是在搞怪，在捣乱，在倾诉，在暴露其实每个人都蠢动着的来一次"无法无天"的想法。我其实并没有什么特别的招数，说白了只是绕开了一块巨石罢了。

2. 爱生活，爱阅读，爱表达

学生不爱写作，不会写作，是因为在他的认知中，作文和生活是两回事。

写什么？怎样写？全凭老师的教条，这样就让学生没有了写作的欲望，还增加了很多束缚。好比孩子走路，本来多摔几次跟斗就能学会的事，如果你总跟他讲这样不行那样不对，这不等于成心要消灭他的本能吗？

我坚信，爱生活就能爱上写作，享受生活就同样能享受表达。不过确实有的孩子什么也不爱。有个家长问这样的孩子怎么办？我说别去证明他笨，也别指出他没爱好，要反着来，就是设法证明他有点聪明，也有爱好。那天我交给一个孩子一件简单的事，让孩子去开车门。他按了两次，才按对开锁键。下次又让他开车门，又按了两次。我告诉他，其实记住哪个键是开锁的，只需两秒钟，你看左边就是上锁的，右边就是开锁的，你念一遍：左锁。他一边念，一边伸出左手，嘿嘿傻笑。我表扬他说，你看你只用了两秒钟，就记住了，你要是不肯花这两秒钟，你就每回开车门都比别人多两秒。做事用点心，这时间不会浪费。我又跟他讲起我小时候用七天时间记七个音符的故事。我说花七天时间，看起来太多了，但如果我不花这七天，可能一辈子都要掰手指头才能读对一个音符。他似乎得了些启发，后来知道阳光落在墙上什么位置是12点，知道手握双色笔旋转可以画出些好看的图形，知道用不同的叶子可以拼出很多小动物。我告诉他，我小时候没学会你这么多技能，我小时候的故事就在我的《童年那些事》上面，自己去看。后来这孩子怎样？他第一回坚持读完了一本书，也记下了自己总结的许多生活小窍门，他开始不排斥写作了！

其实我做的就是一件事：将读书、写作融入生活中去了。他成了生活中的有心人，他也就愿意从书中去分享别人的生活，也愿意将自己的生活与人分享。写作，应该成为每一个人的自身需要和自觉行为，而不是谁强加的。而在现实中，在孩子的课堂上，这一切却行不通了。学校老师会急于让孩子用上成语，用上修辞手法，将平时记录的好词好句嵌入作文中去，并认为这样才是好作文。于是，作文不再是分享生活、表达情感，而是东拼西凑成老师喜欢的样子。孩子成了书本的搬运工，久而久之，不但作文写不好，也失去了理论联系实际的能力。这种教育非但不能启智，还成了智力发展的阻碍。

3. 不妨这样教作文

生活影响了我的课堂。我教作文，不再墨守成规，也不拿各种规矩来唬人。归纳起来，我是遵循着以下三大原则来教作文的。

（1）"人"是第一要素，要将教作文和教做人统一起来。

我主张教给学生积极的生活态度，教给学生平等思想，让学生学会反思。学生不爱生活，也就无法爱阅读、爱写作，这是前面说过的。学生不懂反思，心智就不会成熟，思维就不会发展，道德水平也难以提高。比如跟学生讲写作文要讲真话，学生说做坏事也可以写吗？不会挨老师批评吗？我知道孩子们开始懂得迎合别人了，这是成长的正常现象，但从育人角度来说，应该加以正确引导，否则会让孩子学习上不再独立思考，品德上不再正直敢言。我告诉学生，真实的都可以写，但真实生活中的那些恶的、丑的，应该加以反思。比如你搞恶作剧，你在写这件事的时候，应该反思这么做有什么危害。这样，作文写深刻了，思想素质也同步提升了。以前学生写景状物，毫无灵性可言。主要问题在哪里？在于只用了好词好句，没用"心"。所谓用"心"，就是要将自身放在和万事万物平等的位置上，这样，一棵树也有了情感，一个水杯也有了生命，作文就灵动起来了。

（2）"生活"是作文的源头，多讲生活，少讲理论。

学生作文为什么会千篇一律？因为他们停留在概念上来看世界，高兴时"心花怒放"，伤心时"泪流满面"。其实真实的作文才是最有个性的。写幽静的山林，使用成语写出的是概念上的世界，是缺乏个性的，而用心观察后表达的才是最有个性的真实的世界。比如屠格涅夫是这么描写山林的："四周是那么的宁静，你能听见一百米外松鼠在枯枝上跳来跳去，断枝掉下来，先微微地勾住另外的树枝，然后落到松软的草面上——永远地掉在那儿，静静地等着腐烂。"这才是独一无二的山林。

生活是多姿多彩的，然而一旦被我们概念化了，就会黯淡无光。所以我尽量不讲写作理论，好让学生放开手脚，自己去生活中探秘寻宝。我不谈"五感"写作法，而是让他们"用耳朵写作"；我不谈细节描写，而是告诉学生"好作文可以搬上舞台"；我不谈夹叙夹议，而是让学生"在作文中当法官"……本书中有相关的具体教学实例。实践证明，这样教学，学生不至于将作文和生活分割开。

生活是流动的书本，书本是有字的生活。多阅读，也是深入"生活"的重要方式。《呼兰河传》里吃瘟猪肉、在祖父的园子里浇水、看小团圆媳妇等故事，就是原汁原味的生活。不讲理论，只让学生去读，读完或开心或伤感或沉思，这种收获和参与现实生活的效果是类似的。现实的生活，或书本里的生活，若能引发孩子们的同感或质疑，这就是在学习作文了。想想，我们为什么一定要正儿八经地进行作文教学呢？又何来作文模板或秘诀呢？

（3）"快乐"是写作的最佳状态，"真实"是作文的最佳品质，"写作"是我们普通人都能拥有的诗和远方。

学生是否害怕作文，是否乐意写作，这跟我们教他写什么样的作文、怎样写作文有很大关系。我教的作文若要取个名字，应该叫"快乐真作文"。"快乐"是写作的状态。这个世界从来不会为迎合我们而总是制造快乐气氛，有的人自找烦恼，我们通过写作自找快乐。"真"是作文的品质。对于"真实"，本书有专门的章节会讲到，比如动画片中动物为什么会说话？这是情境的真实，一只鸡都说话的时候，你自然相信牛也会说话，这不是很真实吗？作文的"真"，重要的不在客观世界，而在主观世界，即我们在作文中的认知、情感、思想，完全是出自内心的。学生问假如我们的认知是错误的呢？这正是多数学生害怕作文的原因，他们怕"写不对"。其实没有谁要求我们要写对呀！如果天下文章都按同样的标准写对了，又还要作文这东西干什么呢？每个人有不同的想法，同一个人在不同时候有不同的情绪，这才是作文存在的意义！没有人能做到十全十美，但有了真心、真诚、真实，我们的不足，就会被宽容和谅解。

我知道许多同行讲作文时，还喜欢将作文当作生杀予夺的重器，有意无意总是曝出类似的言论：这是整个考试分值最大、拉开距离最大的一道题，这么写能提高多少分，你要是那么写就完蛋了……当然，不谈考试和分数的课堂，在学校是没有的，但一定要把握一个度。"平等"是写作的重要理念，而这些言论却分明在强调"不平等"。老师高高在上,学生唯命是从。学生不是在表达本心,而是在迎合老师,在投机取巧。这种方法不但不能用于教作文,也不能用于教其他学科、其他知识。学生的心思不在研究问题本身,而在揣摩老师的想法,其结果还是前面那句话:这种教育非但不能启智,还成了智力发展的阻碍。

学习作文,不是为了去赢得什么,炫耀什么。我们不过是让自己拥有更独立的思想、更健全的人格,去面对日益复杂的世界。我们心里想到的,不是"瞧,我多厉害",而是"我知道我能行"。我们爱生活,爱阅读,爱表达,想用我们的自信、坚毅、宽厚,去换取尊严、价值、心安;想让自己不论天阴天雨,心中都有一轮朝阳。这轮朝阳不但有色彩,还有声音,有翅膀,有力量——这就是人们常说的,诗和远方。

2024年3月,"作文与育人融合教学的校本课程研究"课题在梅州市梅雁中学开题,来自梅州市教育发展中心和广东省林明名师工作室的专家团队莅临指导。

课题小组的实践课程不是公开课,更不是表演课,而是写进了课程表的常规课。走进这样的欢乐课堂,成了学生的期待。课题小组成员每周按常规进行集体备课、磨课、讲课、评课。包括高三复读年级在内,梅雁中学有7个语文备课组,该课题小组被戏谑地称作学校的第8个语文备课组。

目　录

作文的入门——不讲作文的作文课
第一讲　我改变了对读书的看法 ……………………………………… 2
教学杂谈　写作是思维体操 …………………………………………… 8
第二讲　原来作文可以这么写 ………………………………………… 9
教学杂谈　我为什么要改变孩子对读书的看法 ……………………… 13

作文和生活——作文是有字的生活
第三讲　作文就是游戏 ………………………………………………… 16
第四讲　作文就是聊天 ………………………………………………… 21
教学杂谈　作文教学中的言传身教 …………………………………… 28
第五讲　作文就是猜测 ………………………………………………… 33
教学杂谈　这样聊天有助于学生快速构思 …………………………… 37
第六讲　作文就是想象 ………………………………………………… 40
教学杂谈　作文的灵性来自宽容 ……………………………………… 45

作文的方法——不讲方法才是好方法
第七讲　用耳朵写作 …………………………………………………… 50

第八讲 好作文可以搬上舞台	57
第九讲 在作文中当法官	63
教学杂谈 学会批判性阅读	72
第十讲 从最重要的内容写起	74
教学杂谈 学习写作的路上，允许"你评你的，我写我的"	81
第十一讲 学习分镜头写作	83
教学杂谈 作文中的景情理	96
第十二讲 作文不拒绝矛盾	98
教学杂谈 写出隐藏在内心深处的人和事	106

作文的品质——人对了，作文就对了

第十三讲 真实才有个性	112
第十四讲 平等才有灵性	121
教学杂谈 你想做个怎样的人	126
第十五讲 做个有趣的人	130
教学杂谈 适度饥饿才是最健康的状态	134

作文的源头——流动的书本和有字的生活

第十六讲 读写品质的得与失	138
第十七讲 如何给孩子定制书单	142
教学杂谈 书评是书面形式的对话	143
第十八讲 领进一扇门，再打开一扇窗 ——打开书本和生活的通道	146
第十九讲 "三读"生活之书，一改作文顽疾 ——细读·发现　品读·体味　悟读·升华	149
第二十讲 怎样开好读书会	155

附：作文课的实践——让教研成果进入寻常课堂
"作文与育人融合教学的校本课程研究"
    课题组成员作品选 ·· 164
一、作文和生活——作文是有字的生活 ······················· 164
二、作文的方法——不讲方法才是好方法 ····················· 175
三、作文的品质——人对了，作文就对了 ····················· 184
四、作文的源头——流动的书本和有字的生活 ················· 189

跋
    人对了，一切就对了 ·· 194

作文的入门
——不讲作文的作文课

第一讲　我改变了对读书的看法

在作文教学上，给人一个模式，让人反复练习、背诵，考试时马上得高分，这就好比是糖，是小作用；而让他们读美文，让他们发现生活细节，让他们大胆地动口动笔，引导他们找到生活和学习之间的联系，这种教学方法，可能不是立竿见影的，但对孩子们的影响是深远的，就像给他们播下了一颗种子，这才是大作用。

教学过程

第一节：
1. 学生用心听老师讲故事，听完回答问题。
2. 将三个问题的答案记在笔记本上。
3. 将答案串联起来，加上题目《我改变了对读书的看法》。

第二节：
4. 小声读《我改变了对读书的看法》，然后问自己三个问题："我"之前怎么读书？现在想怎么改变？要怎样改变？
5. 发现三个问题没讲清的，可适当充实内容。

6. 再读《我改变了对读书的看法》，适当加上过渡句段。

7. 三读《我改变了对读书的看法》，还有不通顺处再次修改。

教学内容

1. 老师提出三个问题，学生一边听讲一边思考

读书的大作用是什么？以前你是这么认为的吗？

怎样才能把书读好？以前你是这么认为的吗？

以后你想怎样读书？想成为怎样的人？

2. 看图领悟"小作用"和"大作用"

领悟：

人和树一样，心死了，境遇再好也无济于事；心是活的，境遇再糟糕也影响不到自己。有的人读书，一味追求考高分，上名校，找好工作，当大官，最后"关进去了"。有的人从书中学习积极进取的精神和做人的道理，不断提升自己的修养，最后成为受大家尊敬的人。

以上似乎是大道理，我们也可以往小里说。只为考分数的人，书上说

这是一棵空心树，尽管生长的环境那么美，但它已经死了

这是一棵爬了一条长蛇的树,但它百毒不侵,依然枝繁叶茂

什么,老师说什么,他就记住什么,并不用"心"去读;用"心"去读的人,他会联系自己的生活实际,形成自己的想法。前者成绩也许提高得更快,但很可能最终后者会超越前者。像树一样,这就是有"心"和无"心"的区别。

前者读书,获得的是小作用;后者获得的是大作用。小作用是糖,一吃就知道是甜的;大作用是种子,常被人随手一丢,但它却能生根、发芽、开花。

3. 三个故事

老师讲了三个故事。

第一个故事:季羡林看包

秋天,北京大学新学年开始了。一个外地学生背着大包小包走进了校园。实在太累了,他就把包都放在路边。这时,正好一位老人迎面走过来,学生走上去说:"老爷爷,您能不能替我看一下包呢?"老人爽快地答应了。那位学生于是轻装地去办理各种入学手续。一个多小时以后回来了,老人还尽职尽责地履行自己的使命。学生谢过老人,两人各自离开。几天之后,北大开学典礼,这位学生惊讶地发现,主席台上就座的北大副校长季羡林先生正是那一天替自己看行李的老人。

季羡林这位大学问家，他懂得尊重普通人，这是比他的学识更让人尊重的地方。

第二个故事：鲁迅爬楼梯

鲁迅晚年住在上海，与外国友人、美国女作家史沫特莱有些交往。当时，外国友人住在上海相当讲究的华懋饭店。一次，鲁迅穿着平常的衣服去拜访她。看门人上下一打量，直截了当地说："走后门去！"这家饭店的后门是为运东西和供下人们用的。鲁迅绕了一个圈子，从后门进去。来到电梯跟前，开电梯的也是将他浑身上下一打量，连手都懒得抬，用脑袋向另一边摆了一下："走楼梯去！"没法子，鲁迅只得沿着楼梯一层一层爬上去。外国友人看见气喘吁吁的鲁迅，了解了情况，生气地说："要告诉他们经理！"鲁迅摆手制止了，说如果那样做，两位工作人员就失业了。

鲁迅这个"大书虫"，读书教会了他"宽容"。

第三个故事：放鹅学音符

这是我自己的故事。我上学前有两大爱好：一是哭鼻子，一是打架。小时候有事没事总爱哭，有一次在门前田埂上跳来跳去，结果胳膊摔断了，在田埂上哭了一下午也没人搭理，因为我父母知道我有事没事总要哭。除了哭，就是打架，外面找不到人打，就打姐姐。父母怕姐姐被打死，只好送她去外婆家。姐姐被送走后，我特别想她，央求父母将她接回来，并保证再也不哭、不打架了。姐姐接回来后，我兑现了诺言。但不哭、不打架的日子，特别寂寞。家里就给我买回七只鹅，让我去河里放鹅。整条河都是我的，我还是感到寂寞。为了打发时间，我就开始用石头作画，自学简谱中的七个音符，借助太阳的影子来计时……我变得爱动脑筋，爱钻研了。上学后我继续放鹅，并开始带课外书到河边去读。

我觉得读书的人应该耐得住寂寞。

学生习作

让学生思考老师讲的故事，领悟其中的道理，回答三个问题，然后将问题的答案整理成语句通顺、有条理的作文，题目是《我改变了对读书的看法》。

以下是两篇学生习作，一篇电子稿整理，一篇纸质稿拍照。

习作一：

我改变了对读书的看法

古瑶琳

读书的大作用是什么？是提高语文成绩？是考到好大学？还是只为了父母而读？都不是，读书的大作用是修身养心。

从前有个学生，他考上了著名的北京大学。他提着很多行李，左摇右摆地排队办手续。他等了许久，还是没有轮到他。过了一会儿，有一位老头走了过来。学生说："老爷爷，请您帮我看会儿行李吧，我先去办完其他手续再回来，可以吗？"老头毫不犹豫地答应了。但是办其他手续花了很长时间，眼看夕阳要下山了，学生心想：老头子应该已经走了吧。手续办完了，学生回到了放行李的地方，看见了老爷爷，他还是一动不动地站在夕阳下。小伙子走上前去，感谢了老爷爷之后，目送着他走了。

第二天，这个学生来到学校报到的时候［开学典礼的时候］，发现昨天给他看包的竟是北大的校长［副校长］——季羡林，他惊讶不已。

这个故事让我明白了一个道理：读书不仅让我们学到很多知识，同时也可以让我们修身养心，就像季羡林一样，读了很多书，才有这么好的修养。

我以后一定要认真读书，成为一个有修养有内涵的人！是老师让我改变了对读书的看法！

习作二①：

刘畅

我改变了对读书的看法

每一个人，对"读书"这两个字，都有不同的看法。曾经的我，认为读书为老师，为父母，为考上好的学校，为找到合适的工作。但这些都只能代表表面。自从上了葛老师的那一堂课，我受益匪浅，也改变了对读书的看法。

老师举了两个例子，分别是大文豪鲁迅先生和北大校长季羡林的。有一次，鲁迅先生到一座大厦去与外国友人会面。不知情的保安见到这样一位衣衫朴素、褴褛不堪的人出现在大厦门口，一脸的看不起，便让他走楼梯上。登登登爬楼啊，等鲁迅见到外国友人时，已经气喘吁吁了。外国友人见了，生气道："这大厦的人就是这么对待大文豪的吗？我得向经理投诉！"鲁迅忙道："不行，这样会让保安失去工作的。"

有一次，一位北大新生到学校报道。但由于他的行李太多，不方便办理手续，就把行李交给一位老者保管，老者愉快地答应了。新生办完手续后，已经很晚了，他以为老者早就走了，便赶回去拿行李。可谁知老者仍在行李旁守着，新生忙道谢。开学典礼时，新生惊讶地发现，那位老者就是北大校长——季羡林。

替别人着想的鲁迅，帮学生看包的季羡林，都是有修养的人，他们因读了很多书，学习了很多有用的知识，使他们身上拥有宽厚、坚毅的品质。

读书，不是读外在，而是读内心。让我们播下理想的种子，通过读书，改变我们的人生，成为品学兼优的读书人。

---

① 学生习作的照片稿属原样照发，其中难免有不当或错漏之处，请读者谨慎阅读、借鉴。下同。

教学杂谈 写作是思维体操

不读书，就想写好作文，这是不符合规律的事。教作文，首先得教读书。读一两本书，就想提高语文成绩，提高写作水平，这也是不符合规律的事。要做好长期读书的准备，就要改掉急功近利的思想。老师在教如何读书，其实也在教如何做人。

将入学第一课听到的内容记下来，一方面加深了对读书的正确认识，另一方面也锻炼了写作思维。但不要以为这只是简单地重复老师的话，老师讲的哪些话是证明这个观点，哪些话是证明那个观点，这需要有很强的逻辑思维能力。多数孩子对这篇作文不畏惧，且有话可说，普遍比他们之前要写得多写得快（达到了预期目的）。

以上两篇是初学写作的同学写的作文。也许你在惊叹的同时，也免不了疑惑：这不是高中生写的议论性文章吗？怎么能让初学的孩子写这个？

是的，确实很少人敢做这样的尝试，他们会认为孩子写不了这种文章。如果我跟孩子们讲要叙议结合，要用什么论证方法，我敢肯定孩子们不敢写、不会写。我也没有别的招数，我只是认为孩子能听懂我讲的故事所要表达的意思，懂多少就写多少，于是孩子就真的能写了。跟孩子打交道，我常提醒自己要幼稚一些，又常把孩子看得成熟一些，这样我们的沟通就会少了许多障碍。做好了这些心理准备，我就像和同龄人聊天一样，跟孩子聊读书的作用；跟孩子聊像季羡林、鲁迅那样的"大书虫"，他们的品质、人生有什么不一样。听完故事，孩子将吸收的东西用文字整理出来。这其实是件很难做的事，比如有的同学只记下了某个故事，而老师想用这个故事来告诉大家什么，却未必弄得清楚——这正是我们想对孩子们进行的思维训练。

写作是思维体操，是要训练孩子们的思维的。如果句与句、段与段之间毫无逻辑可言，那么，这不是在学作文，这仅仅是在学写字。就像学画人像的人必先学人体结构，而不是学会了画一种器官，再学另一种，最后组装起来，这种"目中无人"的学习方法，是画不出人的精神气韵的。同样，要学写作文，也应从整体思维入手，然后再练习写人、状物、记事等，这样才能够越学越轻松快乐，才能写出有灵有肉的作文来。

第二讲　原来作文可以这么写

　　学生写作容易犯"人格分裂"的错误。生活中很有话题可聊，课堂上铺开作文本却没话写；明明自己是这么想的这么做的，写进作文中却变了样；生活中有童心、童趣，活泼可爱，写进作文里的却是虚伪、虚假，面目可憎。因此，作文指导首先要打通课堂和生活的通道，让他们知道，生活中发生的，都是可以写进作文中去的。

教学过程

第一节：

1. 师生问答。两个学生上台回答问题，其他同学记录问题和答案。
2. 思考对话内容并加以总结。
3. 将本课内容整理成作文，题目为《原来作文可以这么写》。

第二节：

4. 学生读《原来作文可以这么写》，老师分析作文是否体现了"原来"二字的含义：过去一直不懂得，现在才懂得。
5. 原来写上厕所也可以是优秀作文，作文好在哪里？同学们听后有何反应？这些话能否加到作文中去？

6. 根据提示修改作文。

教学内容

1. 问答环节

如果要写一件难忘的事，你们会写什么事？记下来。

讨论谁想的事情比较值得写。

看看这些事情能不能写进作文中去？比如，上课放屁、爸爸偏心、同桌翻脸、恶作剧、上课尿急、老师你错了。

如果你有钱买两套衣服，你会挑一样的款式，还是挑不同的？

2. 朗读环节

习作：

我多想上趟厕所

早上，我努力睁开睡意正浓的双眼。看看手表，不禁大叫："Oh，my God！都六点五十了！"我顾不得洗漱、吃早餐，就跑到了教室里。

过了一会儿，开始上第一节课了。刚上不久，我突然感到有一股强大的"浪潮"打击着我，原来想撒尿了。好不容易挨到了下课，可倒霉事儿尽在我危急的时候出现。刚下课，英语科代表叫我交作业，我翻翻课桌上堆积如山的书堆没有发现，又翻了翻书包……好不容易找到作业，结果却又上课了，没有上到厕所。

第二节课时，"浪潮"一次又一次打过来，我一次又一次忍着，真渴望上趟厕所。终于，下课了。我刚起身准备去上厕所，生物老师又进教室说："今天下午要交抄的卷子，不交的重罚！"啊，对了，我忘记抄卷了，便忍着赶起作业来。

经过了一节课、两节课、三节课……"浪潮"一次又一次打来，一次又一次变本加厉。我忍，我忍，我再忍，我再再忍。终于，我迎来了曙光。放学了，我冲出教室，跑进了我期待已久的厕所。出来时，我顿时感到神清气爽，天更美了，鸟儿飞得更高了，我也舒服了，情不自禁地说了一声："快哉！快哉！为之爽也！"

3. 总结领悟

写作文也像穿衣服，不可千篇一律。写真正发生在自己身上的事，才不会和别人的重复。

真实的都可以写，假的不可以写，恶的、丑的反思后再写。写恶和丑，是告诉别人要抵制它，而不是宣扬它。

学生习作

课堂笔记：

> 作文课
> 葛老师问题目：原来作文可以这么写
> 问题：如果要写一件难忘的事，你们会写什么事？
> 有的说 1. 同学给一起过生日
> 2. 帮助别人（最值得写的事）
> 3. 突发事件：天花板掉了下来，妈妈来救。
> 老师又问：以下情况可以写进作文里吗？
> 经常发生的事情：上课尿急、爸爸偏心、老师你错了！同桌翻脸、恶作剧（以前以为恶作剧不能写，会让人笑话，而且不讨喜欢）
> 总结：经过老师启发我终于知道了：
> 写作是将真实、善良、美好的东西展示出来，真实的东西都可以写，假的不可以写；恶的、丑的反思后再写，也就是说写恶和丑，是告诉别人要抵制它，而不是宣扬它。
> 问题：你想起什么以前不敢写的人和事？
> 这些内容都可以写：
> 爸爸（妈妈）的坏习惯（作文并非都是好话）我讨厌自己（反思丑，不是宣扬美）
> 我们学校的保洁阿姨（不能忽视平凡的事物）

以前觉得作文没什么内容可写，其实我们接触或经历的人和事还挺多，原来都可以写。

习作：

原来作文可以这样写

张诗雯

一节作文课上，葛老师问了我们一个问题："如果要写一件难忘的事，你们会写什么呢？"一石激起千层浪，同学们都争抢着回答这个问题。

佳睿同学首先抢到了发言的机会："我会写生病了家长带我去看病。"刚说完，下面的同学（包括我）就说："这些我们都写过了！"葛老师说："这件事太平常，也写得太泛滥了，不能体现'难忘'的'难'字。"葛老师又问了嘉宁同学："那你会写什么呢？"嘉宁说："我会写别人给我过生日。"我心想：这个题材还不错。可就在这个时候，睿涛同学的话让平静的课堂炸开了锅："我觉得应该写天花板掉下来，妈妈来救我。"同学们说："想象力真丰富！""这个也太夸张了吧！"

葛老师示意大家安静，接着他笑眯眯地告诉我们："刚才说，太平常的事不能体现'难忘'；而你走了另一个极端，你说的事，要遇上一回都难，哪里谈得上'忘'呢？你呀，平常要多多观察周围的事，不要写一些没发生的事。"

我心里纳闷了，太平常的事不能写，没发生的事又不能写，那作文该怎么写呢？其他同学也许也在想这个问题，一个个竖起耳朵听老师讲下去。

葛老师问："这些事情可不可以写呢？"说着，屏幕上就有"上课放屁，爸爸偏心，同桌翻脸，上课尿急"等字眼。我们边看边笑，有个女生说了一句："肯定不能写！"老师就反问她："为什么不能写？"这个女生回答说："我们老师很严格！"老师再反问："老师严格，管得着你放屁吗？"同学们都大笑起来，一些比较文静的同学也忍不住捂着嘴巴笑。

接下来的一幕更是让我们震惊，屏幕上居然出现了一篇题为《我多想上趟厕所》的优秀作文，老师还让我们齐读了一遍，我们几乎是笑着将它读完的。最后老师总结说："为什么你们读这篇作文这么起劲？因为小作者写的事情很真实，我们也深有体会，而这么真实的事，别人不写，他写了，所以，大家都喜欢读。"

第二讲　原来作文可以这么写

葛老师的话，还有他展示的例文，让我恍然大悟。是啊，还有多少人和事，很真实，很有趣，或者引人深思，原来都可以写进作文里啊！要是早知道这些，我们还会担心作文没什么可写吗？

教学札记

让孩子以《原来作文可以这么写》为题写一篇作文，一石三鸟：第一，这节课让孩子明白了，作文和生活是密切联系的，当时场面怎样，大家心理怎样，都可以写进去；第二，动笔写，巩固了对这节课内容的学习，"写作文也像穿衣服，不可千篇一律""真实的都可以写，假的不可以写，恶的、丑的反思后再写"，这些话孩子们耳熟能详了；第三，从提问、答问，到做笔记、订正笔记，再到修改成文，每一步都不难，最后却写成了一篇作文，让孩子真正体会到作文不是难事。当然，也有些孩子最后变成写课堂实况，而没解决"原来""可以""这么写"等问题。这是要重点引导的，引导好了，孩子们就把握了写作文的整体思路，否则看每一段都是好的，但连成篇才发现并没解决问题。

教学杂谈　我为什么要改变孩子对读书的看法

我教写作的第一步，就是改变孩子对读书的看法，而写作反倒成了"顺便"做的事。好比医生给病人看病，大谈特谈生活习惯，治病倒成了"顺便"做的事。这种医生是中医，他不是给你一剂止痛药，让你舒服一刻算一刻，而是让你通过改变习惯并长期坚持，来提高自身免疫力。世上最靠得住的人是自己。你要想真正健康，就要依靠自身的免疫力。

我教作文就是借鉴中医疗法。如果教你套用好词好句，教你套用作文模式，或者干脆让你把好作文背下来，这的确能给人"进步神速"的假象，但是，这样做好比从树上摘叶子，总有摘完的一天，是靠不住的，你得自身能长出叶子才行。说到底，还是得靠自己。你必须扎根土壤，吸收养料。

写作的土壤和养料在哪里呢？在书本上，在生活中，二者缺一不可。你只读书本，写作就会重复他人，依赖他人，这是靠不住的；你只留心生活，而不读书，你又学不来将生活转变成文字的能力。因此，书本和生活，缺一不可。生活是无字之书，书是有字的生活。或者说，生活是流动的书本，书本是有字的生活。中医说要打通任督二脉，写作则要打通生活与书本的要道。这样，读书能把书读活，生活能活出几分诗意，而写作正是诗意人生的一种表现形式。

我要改变孩子对读书的看法，就是要让孩子将读书看作生活的一部分，长期坚持地读，不求回报地读。如果读书只是为了写作，读书只是为了考试，那么，一旦老师没有给你想要的高分，你就会有挫败感，你就会怀疑，会放弃。如果把读书当作生活的一部分，如同美丽的风景、美妙的音乐、美味的佳肴，用来愉悦自己，丰富自己，你就不会有挫败感，也不会有失望，你就能够持之以恒，最后，你的不求回报反而会让你收获更大的回报。

读书带给我们最大的回报，就是修炼人格品行。有些人通过读书考上了好大学，找到了好工作，当上了大领导，但心术不正，玩火自焚，锒铛入狱，或者不说这些极端的例子，你有了好工作，有了好职位，但你没有良好的人际关系，你找不到生活的乐趣，你就也仅仅获得了读书的小作用。要想获得读书的大作用，就要以更真诚的态度去读书，去生活，而不能把书本当作沽名钓誉的道具。你玩弄了书本，生活也会玩弄你，你不是赢家。读书就是修行，读书就是修心。写作的人最终拼的是人格，心中没有美好、没有梦想、没有期盼的人，是断然不能写出佳作来的。当然，对一个有高品行、大人格的人来说，他已经得到最大回报了，还能顺便写作，这不更应该觉得是上苍额外的馈赠吗？

不管是作文，还是做人，都应该先从读书开始；读书，则从改变对读书的看法开始。

作文和生活
——作文是有字的生活

中 第三讲　作文就是游戏

　　对于作文，许多孩子不是不能写，而是实在无话可写，所以拿起笔来就开始写空话、套话，他们的写作完全与生活脱节，久而久之就对作文产生了畏惧和厌倦的情绪。何不给孩子们创设一种情境？或与孩子们共同参与一项活动？这样他们就会发现，原来写作不是一件很难的事，甚至，他们还会喜欢分享，喜欢表达，写作也就成了一种乐趣。

教学过程

第一节：

1. 读《阿长与〈山海经〉》，思考问题。
2. 选5位同学上台回答问题，老师趁学生不注意，玩了一把恶作剧。
3. 学生回顾刚才恶作剧的细节，共同补全遗漏的细节，并做好记录。

第二节：

4. 学生将笔记整理成作文《记一次恶作剧》。
5. 选两篇作文念出来，看哪一篇更能引人发笑，并总结引人发笑的原因。
6. 得到启示后，修改自己的作文。

教学内容

1. 《阿长与〈山海经〉》选文及思考题

长妈妈,已经说过,是一个一向带领着我的女工……

……她生得黄胖而矮……

……**我实在不大佩服她**。最讨厌的是常喜欢切切察察,向人们低声絮说些什么事,还竖起第二个手指,在空中上下摇动,或者点着对手或自己的鼻尖。我的家里一有些小风波,不知怎的我总疑心和这"切切察察"有些关系。又不许我走动,拔一株草,翻一块石头,就说我顽皮,要告诉我的母亲去了。一到夏天,睡觉时她又伸开两脚两手,在床中间摆成一个"大"字,挤得我没有余地翻身,久睡在一角的席子上,又已经烤得那么热。推她呢,不动;叫她呢,也不闻。

……

但是她懂得许多规矩;这些规矩,也大概是我所不耐烦的……

……

……例如说人死了,不该说死掉,必须说"老掉了";死了人,生了孩子的屋子里,不应该走进去;饭粒落在地上,必须拣起来,最好是吃下去;晒裤子用的竹竿底下,是万不可钻过去的……。此外,现在大抵忘却了,只有元旦的古怪仪式记得最清楚。总之:都是些烦琐之至,至今想起来还觉得非常麻烦的事情。

……

这种敬意,虽然也逐渐淡薄起来,但完全消失,大概是在知道她谋害了我的隐鼠之后。那时就极严重地诘问,而且当面叫她阿长。……

……

大概是太过于念念不忘了,连阿长也来问《山海经》是怎么一回事。这是我向来没有和她说过的,我知道她并非学者,说了也无益;但既然来问,也就都对她说了。

过了十多天，或者一个月罢，我还很记得，是她告假回家以后的四五天，她穿着新的蓝布衫回来了，一见面，就将一包书递给我，高兴地说道：

"哥儿，有画儿的'三哼经'，我给你买来了！"

我似乎遇着了一个霹雳，全体都震悚起来；赶紧去接过来，打开纸包，是四本小小的书，略略一翻，人面的兽，九头的蛇，……果然都在内。

这又使我发生新的敬意了，别人不肯做，或不能做的事，她却能够做成功。她确有伟大的神力。谋害隐鼠的怨恨，从此完全消灭了。

思考：

（1）之前老师说"真实的都可以写，假的不可以写，恶的、丑的反思后再写"，本文是否体现了这一点？为什么？

（2）"我"对长妈妈的态度"前后矛盾"，是真实的吗？

（3）假如有人对你搞恶作剧，你会怎样？

2. 恶作剧环节

台上学生轮流回答问题，老师趁机逐个拍拍学生的肩膀及后背，并顺手将便利贴粘在学生背上，上面分别写着：我是佩奇、我是小花猫、狡猾的狐狸、猪猪侠、木头人。

3. 总结领悟

之前讨厌长妈妈是真实的，之后产生"新的敬意"也是真实的。有的同学在恶作剧之前说假如被人捉弄，他会撕那个人的书，这是真实的，后来并没有撕人的书，只一笑了之，这也是真实的。世界是变化的，心情也是变化的，真实是可以"前后矛盾"的。

"我"对长妈妈直呼其名，有的同学要撕别人的书，这些也许让人觉得是恶的、丑的，那么就要反思后再写，"产生新的敬意""一笑了之"都属于反思的结果。我们写恶的、丑的，是为了抵制它，而不是宣扬它。

学生习作

记一次恶作剧

梁梓睿

这节课老师先是让我们看了鲁迅写的一篇文章——《阿长与〈山海经〉》，我们看完之后，老师告诉我们要写出人物的真实心情。

接下来老师叫了几位同学上去分享：假如被别人捉弄了，你会有怎样的心情。最令人瞩目的明"猩"邓祖亮先发言了，他说："我要是被捉弄了，我一定要去撕他的书。"说完他脸上流露出了一种愤愤不平的表情。接下来老师又采访了那有名的"南非小伙子"刘建强，他说："要把捉弄我的人狠狠地揍一顿。"话音刚落，我忍不住笑了，心想就他那小身板怎么和别人打架？而黄微烨说的是："要让老师罚那个捉弄我的人抄100遍课文。"

当全部人发言完后，老师并没有让他们下台。老师的脸上露出一丝想要做坏事的表情。接着"作虎队"全员上去了，而那些发言的同学还没有发现。老师对"作虎队"的成员们窃窃私语了一会儿，又让刚才发言的同学们转过身去。看来真的有一件坏事要发生了。果然，"作虎队"成员的言行举止还是被神机妙算、观人于微的我注意到了。那些发言的同学背上很快就多了一张张纸条。纸条上的字让同学们哭笑不得，有"我是佩奇"，有"我是小花猫"，还有"狡猾的狐狸"。

那些被捉弄的同学开始还被蒙在鼓里呢！后来他们察觉到了不对，于是摸了摸背后，嘿嘿，有好戏看了！刘建强会去打"作虎队"的成员吗？我心想着他们刚才说过的话。结果令我意想不到的是，他们个个都哈哈大笑起来，早将自己说过的话抛到了脑后，纷纷解释那只是气话。台下的同学听了明"猩"的发言，又炸开了锅，还说邓祖亮言而无信。听了这话，邓祖亮脸上似乎露出一种十分尴尬的表情，并且无言以对。

不知不觉一节课就在欢笑中过去了。这节课让我懂得，要想写好人物心情，不能只听人说什么，还要看他怎么做。因为心情这东西总是变幻莫测的。

教学札记

　　以前孩子们写作文，大多搬用书上读来的句子，或是凭自己的想象，作文失真或缺乏细节、个性，也就十分正常了。但作文中哪里来细节呢？又如何写出真情实感呢？这当然离不开生活了。本节课，老师领着孩子们玩玩游戏，他们有了一次共同的经历，有哪些细节可用，哪些是真哪些是假，就可以共同探讨了。通过这节课，孩子们也更加认识到了作文和生活的紧密联系。

　　初学作文的孩子仅仅要做到如实记录，也不是很容易的事，得十分用心观察、感受才行，比如范文中，小作者对刘建强同学的话表达了质疑，对老师的表情做了揣测，连想看台上的笑话的心理都记下来了。他是真正用心参与了整节课的过程，才能将他收获的快乐传递给读者。

作文就是游戏：猜猜他是谁

如何才能让大家猜到你写的是谁呢？

1. 对人物进行外貌描写（头发、眼睛、皮肤、身高、衣着等等）

2. 抓住人物的特征来写

　　比如他眼睛特别大，像铜铃一样

　　她很活泼，像只小鸟一样叽叽喳喳说个不停

3. 写人物的喜好

　　比如他做作业喜欢咬笔头

　　她爱冰激凌

第四讲　作文就是聊天

聊天是口头表达，作文是书面表达，二者关系密切。学生不怕口头表达，就怕书面表达，从不害怕的事做起，符合学习规律。

师生聊天，是一种平等的关系。这种平等的观念用到写作上，于写作者自身，利于打开话匣子；于写作对象，利于写作者深入观察、了解其品性；于写作效果，会让所写事物更有灵性。

聊天也要讲思路，讲逻辑，讲重点。聊着聊着，许多理论上讲不明白的，慢慢地已转化为自身的能力了。从《论语》可知，孔子的许多思想就是在师生聊天中产生的。如果只是老师讲，学生不用动脑筋，得到的是学识；而在师生问答的过程中，学生就得积极主动思考，才能解决书本上没有的问题，这样得到的是学力——学习能力。前者是授之以鱼，后者是授之以渔。

教学过程

第一节：

1. 老师布置作文题，围绕作文题和学生聊天。
2. 聊天过程中有意引向写作重点，对听众的关注点和个性化表达的句子着重指出，并让学生记下来。

3. 构思作文，用几句话记下要写的对象、与要写的对象之间的故事、自己的心情转变。

第二节：

4. 完成作文。

5. 修改作文。

教学内容

1. 作文题

《我的第__位家庭成员》《特殊的伙伴》《嗨，明天见》《热闹的周末》《我的心爱之物》或自拟题目。

2. 师生聊天内容实录之一

师：这次聊天的题目可以是《我的第__位家庭成员》《特殊的伙伴》《嗨，明天见》《热闹的周末》等，也可以自拟题目，但是话题不是人！（台下孩子傻眼了：看上去都是写人的题目呀）而是家中的物品，可以是学习用品、生活用品，也可以是玩具、装饰品。虽然物是死的，但和人接触久了，就会有人的灵性，它们也会说话，会和主人交流。

生（李奕）：我讲《第五位家庭成员》。以前我不习惯戴眼镜，都要弟弟或妈妈提醒我才记得戴上。（台下的目光聚集到李奕同学的眼镜上）上次因为赖床，妈妈和弟弟已经去学校了，我出门后才发现把眼镜忘在家里了。我跑回去拿眼镜，却发现门锁了，我没带钥匙，恨不得把门撬开。（台下孩子笑了：好粗鲁）

师：注意，你说的第五位家庭成员得介绍几句，你家不是四个人吗？有你的爸爸、妈妈……

生：还有我和弟弟。眼镜就是第五位家庭成员。

师：对，如果写作文，一定得把第五位成员怎么来的讲清楚，不能让读者看了一头雾水。还有，你要把物品也当作人来看，她漂亮吗？她的皮肤是什么颜色的呢？和我们一样吗？

生：不一样，她是紫色的皮肤，两条腿是紫色的，眼睛是透明的。

师：很聪明，一下就明白我说的"皮肤"是什么意思，而且还介绍了"两条腿"和"眼睛"。看，她长得多么与众不同，我们在座的有的皮肤白，有的黄，老师是……（台下大笑，说：黑人）但是，这么漂亮的眼镜你怎么会忘记戴呢？

生：可能是因为刚买没几天，还不习惯戴眼镜吧。

师：是的，正因为是你家的新成员，你们之间还没产生形影不离的感情，你看他们（指着台下几个戴眼镜的学生）从来不会忘。（台下笑）这可是新的家庭成员啊，怎么能把她忘了呢？你设计一下，你的新家庭成员可能会有什么心理，有什么话要对你说。

生：（台下以为李奕被难住了，全场安静。没想到她张口就来，老师也很吃惊）她会很委屈，她说："我都是你新添的家庭成员了呀，怎么能把我忘掉！"

师：对呀，人家都说喜新厌旧，而你呢？（台下笑）

生：（笑了笑，接着说）"看看吧，离开我你很多事都做不了，这回知道吃亏了吧？以后别再丢三落四了，下次该长长记性了。"

3. 师生聊天内容实录之二（另一次课堂记录，一并放在这里，以期学习者能举一反三）

师：我们讲到要写出真实情绪，可是人的情绪是多变的，比如许多人都有又哭又笑的时候，你只写哭，不真实；只写笑，也不真实。只能哭和笑一起写。下面我们来分享这样的经历。

师：你想分享一件什么事呢？

生（子寓）：我想讲学舞蹈的事。我们舞蹈班的老师，她很凶，压我们腿的时候，舞蹈室里一个接一个地哭，一片鬼哭狼嚎。

师：暂停一下，这件事是真的吗？如果是真的你就要告诉我是什么舞蹈班？什么老师？她一直都这么凶吗？

生：是小舞花舞蹈班的张老师，也不是一直凶，其实她长得很漂亮，有时候会笑，但很少笑。

师：你知道我对什么感兴趣吗？写作的人要去猜测读者感兴趣的地方。

生：……（看着老师）

师：我感兴趣的是张老师到底有多漂亮。（学生笑）为什么要关心她有多漂亮呢？因为这么漂亮的人，居然能将人弄哭，我好奇啊！

生：她扎着马尾巴，眼睛很大，笑起来很好看，她的笑容很甜美。就是不爱笑。

师：好多老师上课不笑，我真不知为什么，教室外还笑着，一进教室脸就绷上了。不过我相反，我上课将笑脸用完了，所以平常人家都说我黑着脸。（台下小声说：本来脸就黑）你刚才讲到一个接一个地哭，这场面描绘出来很好，这也是读者感兴趣的，快满足我的好奇心。

生：压得很疼，又不敢反抗，所以就哭了，泪水源源不断。后来考核那一次，老师将第一名的留后面念……

师：我大致能猜出来了，你的名字是最后一个念的，这就是你要分享的"笑"了。

学生习作

以下是三篇学生习作，两篇电子稿，一篇纸质稿。

习作一：

热闹的周末

靖　宁

我的小屋子里住着许多小伙伴，一到周末，就吵得沸反盈天。首先是足球兄在床底下探着圆滚滚的脑瓜儿说："哥儿们，你有半个多月没搭理我了吧？看我如今灰头土脸的，领我去草地上打几个滚呗！""好的，亲爱的伙伴，我赶紧把周末作业做好，做好就去！"我说完，刚抓起手中的笔，又听见一个声音在说："我双脚赞成！只要足球哥哥出门了，我就一定会跟上的！"我一看，说话的是双胞胎兄弟——阿迪和达斯。"当然啦！咱们一块去！"

我正要埋头写字，书桌下又传来一个声音："刚到周末，就想往外跑？难道你不想抱抱我了吗？"啊，我当初最要好的伙伴泰迪玩具狗在哪儿说话呢？哦，在书桌下。我这一低头，结果安抚兔、蓝猫、小猪佩奇等小伙伴纷纷向我吐槽。"好的好的，你们都是我的好兄弟，这个周末，我得好好陪陪你们！"我安慰他们说。"还有我呢！摩擦摩擦，是魔鬼的步伐！"天哪，低头看一看滑板鞋兄弟，它们正四脚朝天躺在地板上，也太可怜了吧？我不禁一阵内疚。

"行了行了，兄弟，你快把我捏出水来了，你到底跟不跟我玩？"你知道说这话的是谁吗？不提还好，一提就来气，他就是我手中的签字笔先生，天天缠着我，他还好意思来搅和？我骂道："别烦我，小心我将你扔一边去！""哈哈哈，哈哈哈……"谁在大笑？我寻着声音，一抬头，原来是闹钟大哥呀。"你笑什么笑？没看过我骂人吗？""哈哈哈，有本事你骂呀，下一秒钟，你妈就来领你出门了，你还不得让签字笔先生陪你？"

闹钟大哥真是乌鸦嘴，他话音刚落，妈妈果然推门进来了，她皮笑肉不笑地说："还发什么呆呢？快走，带上笔，上书法班去！"

习作二：

含泪的微笑

徐子寓

有一天我和妈妈看着相册，一张粉红色背景的相片吸引了我。看着看着，不觉红了眼圈。图中一个小女孩穿着白色的练功服，眼眶里集满了泪水，却没有流出来，她咬着牙靠在墙上，艰难地做着一个练腿的舞蹈动作。旁边一位美丽的女老师用手按着小女孩的腿，老师的嘴巴张开着，仿佛在说着什么。

那个小女孩就是我，那一幕始终留在我心里，难以忘记。

那是每周一节的舞蹈课。小舞花舞蹈班里美丽的院长——张老师，被我们称为魔鬼教练。张老师非常漂亮，一双大眼睛，扎着马尾巴，她笑起来比糖还甜，犹如仙女下凡，仙气满满。但她很少露出笑容。她很凶，生气时大喊，仿佛沉睡的狮子怒吼了。

有一次上课我们学习了练腿的动作，那动作、那场景真是天下无双，独一无二。首先老师做了一遍，让人看着都疼。接着张老师亲自压腿，压完一个接一个。老师压起来那叫一个狠，我们一个接一个哭，现场一片鬼哭狼嚎，仿佛在比赛谁哭得更大声。

轮到我了，我学着老师的动作，腿贴着墙。真疼啊，泪水在我眼眶里打转。老师的手压在我的膝盖上，用力往后推，我再也忍不住了，眼泪顺着脸颊流下来。我继续咬着牙，实在太疼了。坚持了好一会儿，张老师放下手，拍了拍我的背说："可以停下来了。"我这才止住源源不断的泪水。

第二周便是考核，教室里出奇的静。每个同学都害怕下一个叫到的是自己，我也是。马上就到我了，和昨天一样眼泪再次流了出来。我正怪着眼泪不听话呢，老师敲敲笔："OK，下一个。"我如释重负，比火箭还快地冲出考核室，冲向WC。当我再次风风火火冲出来的时候，考核快结束了。

下面就是激动人心的时刻——公布成绩。我的心像有只小鹿一样怦怦乱跳。老师卖关子，把第一名留到最后，从第二名往下念。越念我越紧张："怎么还不念到我，我真的那么差吗？"张老师把最后一名念完，我激动地想："难道真是我吗？"果不其然，张老师露出比糖还甜、比阳光还灿烂的微笑："第一名，子寓同学。"我高兴得走路都不会了，被人傻乎乎地推上台［傻乎乎地被人推上台］，拿着30积分和奖状，想起在家练习时的疼，我都不知道要说什么了。领奖的时候，我脸上还挂着泪水，但这泪水是努力后的含着微笑的泪水。

我相信努力就有回报，坚持就是胜利。胜利的时刻，你才会明白自己默默努力后的泪水都是甜的。

习作三：

我的心爱之物

黄宥铭

人人都有心爱之物，我的心爱之物就是我的水壶，一个普普通通，却让我爱不释手的水壶。

我的水壶近看是一个圆柱体，头顶撑着一把大伞；远看又像一个人，胖嘟嘟的身子，头顶戴着一顶帽子。只要一摁他头顶的按钮，他就张开嘴巴，让我轻轻松松地喝到他肚子里的"食物"。每天，它形影不离地陪伴着我，当我饥渴难耐的时候，我总会第一时间想到它，在我的很多照片里都有它的身影，他就是我的"最佳搭档"。

这个水壶是我四岁时爸爸妈妈特意为我挑选的，陪伴了我那么多年实在不容易，所以它也就成了我的心爱之物。

说起这个水壶，我还跟他闹过"生离死别"呢！暑假里的一天，天气炎热，我带着它去上书法课。我写字，它就在桌面上静静地看着我，看着我在一张又一张的草稿纸上把一个又一个字端端正正地写好。到了交作品的时候，我顺手拿它压住桌面上的草稿，防止草稿纸被风扇吹落桌面。下课时间到了，回家心切的我忙着收拾笔墨，却忘记了还留在桌面上的它。直到上了车，我才发现水壶不见了，于是叫妈妈立刻调头回去拿，直到我冲进教室，看到我的"最佳拍档"还在忠心耿耿地守护着我的草稿纸，我才放下心了。从此以后，我再也不想和它分离片刻了。

现在，这个水壶依然是我生活中不可缺少的伙伴，因为有它，我的生活增添了不少色彩，它就是我的心爱之物。（有修改）

教学札记

过去同学们觉得作文难，是因为没什么可写，现在看来，可以写的东西太多了，房间里的玩具、足球、球鞋、闹钟都可以写得这么有意思。通过聊天，老师想让同学们明白，千万不要漠视寻常事物，可以写看到的（外观），听到的（声音），想到的（心理），感受到的（情感、情绪）。像《热闹的周末》，真正写出了热闹的场面。别以为一切物体都来说话好像不真实，其实这是另一种真实，内心世界的真实，小作者反映了"热闹"背后无边的孤寂。要学会用心善待每一种事物。宥铭同学是真心爱着他的水壶，所以他眼里才有水壶的"帽子""肚子",才会将"忠心耿耿"这样的词用到它身上。许多个性化的表达,都在聊天中苏醒了过来。比如平常表达高兴的心情,只会用"一蹦三尺高",但聊天中你不会用这样的句子,而会还原生活的画面:"高兴得走路都不会了,傻乎乎地被人推上台。"长期参与聊天,或者听别人聊天,又或者自己和自己聊天,慢慢地就不再只是被动接受知识了,就有主动思考问题的能力了。

教学杂谈　作文教学中的言传身教

老师和家长常常感慨:孩子不爱动笔,就算动笔也是应付了事,他是真不爱写,也真写不好……

话说身教胜于言传,而作文教学又往往停留于言传,其效果就可想而知了。那作文教学中有何身教?如何身教?

先简单地提几个问题吧:第一,作为老师,你写过下水作文吗?你教的每届学生都读过你写的作文吗?你肯定写了不少教案、论文、计划、通知,你和学生分享过这些内容吗?第二,作为家长,你和孩子讨论或点评过某本书或某篇作文吗?你写书面材料(借条、合同、申请、请假单甚至朋友圈文案)和孩子探讨过吗?

以上问题,除了下水作文可能要求高些,其他文字估计是每个老师、家长离不开的。既然生活中我们都要写点什么,为什么不以此来有意识地牵引孩子的目光呢?哪怕是让他们知道,自己的父母、老师每天都在做着和写作文差不多的事,只需这样,言传身教就至少不算缺席了。孩子的特点就是爱模仿、爱逗能,你要是真心地(假装也行)请教:"你看我这么写点赞的人会多吗?"就这样围绕一两句话展开一次讨论,说不定哪一次,孩子动笔的欲望就被激活了。当然,也许事情不按我们预期的发展,我们静待花开,但花期总是不来,不过至少我们无愧于心了,该给的阳光雨露都给了,枝叶能长开也不错。

对于老师,让每届学生都能有幸目睹你写的作文,应该不为过吧?自己都觉得难,学生怎能不难?

写作和做人是分不开的。做人要坦诚，写作也如此。因此，我不忌讳让学生了解我的故事。本书序言中提到，我将自己写的《童年那些事》分享给学生，这成了部分学生愿意读篇幅稍长的文章的开始。我也分享过《年是一份考卷》（原文附后），学生深刻地感受到，"年"真是这样一种有着百般滋味的特殊日子，原来将自己不一样的家事写出来，就是个性鲜明的作文。我还分享过《滋养生命记忆的地方》，结尾一段是这样的：

所谓安土重迁，这个"重"，正是看不见的东西；但它投影到每一代人心中，又是各异的。有时我忍不住将泮坑的美景拍下发给孩子，孩子仅作出礼节性的回应。我突然想到，在"家"的这棵树上，我们靠近树根，眼里只有泥土；孩子靠近树梢，头顶有广阔的蓝天。费孝通在《乡土中国》里讲到，他的一位美国朋友问他：为什么你们中原人去了草原，依旧锄地播种，向土里一钻，就看不到其他利用这片地的方法了？类似的问题也许孩子也想问，我只能说，我们在同一棵树上，但不妨碍各自生长。

有学生说：老师，你的想法真好，你的家一定是民主、平等的。我说是的，作文就是做人，做人要讲的民主、平等，在作文中会体现出来，并且还能闪耀出光芒。

老师分享这些真实的故事和想法，这是言传；愿意动笔写给学生看，这是身教。有言传，有身教，我们就尽到了老师该尽的责任。至于过程中的愉悦，就是我们这个职业的意外收获了。

范文：

年是一份考卷

葛成石

1

大哥有句"名言"，说学生时代每次放假回来，冷不丁就发现床上或童车里多了个弟弟或妹妹。后来母亲也有句"名言"，说每逢临近过年，都要留意门外动静，冷不丁就有"生客"回来。母亲说的"生客"，是指新媳妇、新姑爷或新添的孙儿。母亲的耳力就是这么练就的——她的眼睛做了白内障手术，膝盖切除了骨刺，只有耳朵还灵得很。有一年母亲听见了动静，出门来张望。

只见六弟领个陌生女人从屋旁过去了,在猪圈、厕所前停下,说:"这就是我家。"母亲笑出了眼泪。母亲说:"别吓着她,愿跟你的,住猪圈也愿意。"年是母亲给我们的一份考卷,领回怎样的"生客",决定着我们的考分。

母亲不会玩微信,但我们回家的时间都在她的掌握之中。我腊月廿六回到家,母亲像变戏法似的舀起滚烫的豆腐脑让我们御寒,然后手卷着裙摆立于一旁,被子、枕头、棉鞋在哪都要一一交代,又念叨着六弟廿八回家,大哥廿九才能回,五弟要年三十才到,七妹……话没说完,母亲又突然想起什么来,自顾离开,一会儿手托着枕巾进来,自责地说晒了好几天,居然忘了。

如今,母亲更像一个复习不充分而考试时间将至的学子。我们兄弟,都是给母亲命题的考官。于是,母亲高兴的神色中,就夹杂了些别样的意味,往往一句话起头声音是上扬的,尾音却跌落下来——她该又想起了一道难题。

与母亲相比,父亲的高兴是彻底的。他从夏天开始就在家庭群里晒紫茄子、红辣椒,一直到年底晒黄元米果、珍珠粉,以此诱惑我们回家。母亲不一样,天色一变,她会后悔昨天没洗好桌椅;一只蜘蛛在空中弹跳几个回合终于落地,她会唠叨卫生没搞好。父亲因此也不敢表现得太高兴,他会附和着唠叨几句,然后戴上草帽搞起卫生来。父亲年轻时在家庭中是很强势的,但如今强势的是母亲。父亲喜欢旅游,平日里在家待不住;我们各顾各的小家庭,为这个大家庭想得太少。父亲和我们都觉得对母亲亏欠太多。只有二姐和七妹如同母亲的左右手。母亲打心里盼着她们回家来帮忙,却从不敢催促,一则她们有婆家,二则怕误了她们的工作。见二姐、七妹终于回来了,母亲就像个背负着道德律的男人看见心仪的女子主动向自己靠近一样,不动声色地暗自庆幸起来。

2

直到过年这天,兄弟们才能全部到家。我们都想为这个家分担点什么,接待,采购,写春联,水电维修,各称其职。这一天,母亲的嗓子已经沙哑了:"上午你们要……帮我扯鸭毛哦。然后还要……剖鱼……"这些话,母亲是对她的儿媳妇们说的。

没等母亲把话说完,媳妇们就积极回应:"好的,我们会干!""扯鸭毛去!""走!"然后一窝蜂地飞到屋外去,将井边的池子团团围住;又突然想起许多程序来,于是找母亲要热水的,找母亲要瓢的,找母亲要围裙的,找母亲要皮手套的……一时有各种口音在向母亲发出求助信号。母亲在厨房忙着别的,为腾出空来,只好往锅里加一瓢冷水;等一会儿又加一瓢冷水……锅里的水满了,沸了,母亲要做的事却还没做,一时乱了头绪,双手绞着围裙发着呆。

一堆媳妇围着一堆鸭子,她们趁着这一年一次的大聚会,聊着一堆琐琐碎碎的事。不一会儿,水井边就制造出一堆鸭毛来。等这些鸭子都赤身裸体的时候,媳妇们又开始用不同的口音向母亲求助:这些鸭子怎么处理?鸭毛该堆在哪里?这桌上已经放不下了怎么办?

母亲的腿疾越来越明显,她倚着门框,双目失神——唯有她不知向谁求助。我突然想到,大家都是客人,唯有母亲是这个家的主人。自十六岁嫁给我父亲之后,她回娘家的次数可以掰着指头数出来。我曾见过几个舅舅在母亲跟前抹眼泪,倾诉他们家的各种困难,但母亲只是叹息一声。他们走后,母亲又叹息一声,说:"他们以为我们家风光,真是一家不知一家的苦啊。"听得出来,在母亲心里,这个和她不同姓氏的家,才是她唯一的家。

3

我们都意识到,一个严峻的问题摆在我们面前:母亲正一天天地老去,往后过年,谁来管老老少少三十几口人的吃喝拉撒呢?先是媳妇们一边刮着毛芋,一边在探讨着,然后我们兄弟也加入了大讨论。后来大家比较赞同的一种方案是,每个兄弟管一天饭,可以在家煮,也可以请到店里去吃。我们准备将方案在家庭会议上提出来,通过后立即执行。

家庭会议是在大年初二晚上召开的。会上,父亲笑盈盈地向我们兜售一年来以他本人为主角的故事,其中必有得有失,父亲不矜夸,不文饰。原来年也是呈给父亲的一份考卷,他将平淡如水的日子装订成册,年年温习。媳妇们往往是孤立地看每一次会议的,好像坐在候车室撞上一集前不见头、后不见尾的电视剧一样。只有兄弟们正襟危坐,我们清楚地知道,父亲随时会由考生变成考官。果然,他剥了只花生往嘴里送,小心翼翼地咬碎,吞咽,放慢语速说："你们的日子还长，要多想想每一步走得对不对，到我这个年纪时能不能说句有底气的话。"父亲盯着大哥："你们现在，会不会腐化堕落？"目光移向四弟、六弟说："会不会见利忘义？"再看看我和五弟，一时没接上下文。我们属于犯不着用这些贬义词的人。

大哥将兄弟们的计划在会上说了。母亲原本默默地坐在一旁，一边听我们聊天，一边捶着双腿；等听明白了我们要在外面吃饭，她的身板就立马挺直了，好像要迎接战斗似的。

"怎么要去外面吃饭呢？家里还那么多菜，谁吃？倒掉又可惜！"母亲的嗓子更哑了，几乎是用气息在说话。

兄弟们都劝母亲：

"以后别去管其他事，少受点累最重要。"

"不能再逞强了，婆走了以后，您就是家中的老人了。"

"您就安心在我们七兄妹家中轮流住，别再操心了。"

母亲张开嘴想反驳，终是没说出话来。她挺直的、做好了战斗准备的腰板又坍塌了下去——她的确老了，就算心里不能接受我们的主张，也再无力抗拒了。

第五讲　作文就是猜测

我们在聊天的时候，除了讲所见所闻所感，有时也离不了对提及的人和事进行揣摩。"揣摩"，我们可以通俗地称之为"猜测"，虽不准确，但更好理解。生活中，我们遇见谁和平常略有不同，就忍不住要加以猜测。生活中有的，作文中也可以有，作文教学中应有意识地加强这方面训练。能察言观色，洞察人物的内心，这是写作者要具备的素质。

教学过程

第一节：

1. 创设情境，引起学生猜测的兴趣。
2. 分享自己有关"猜测"的经历。
3. 构思作文，用几句话记下你猜测的对象、内容、原因和结果。

第二节：

4. 完成作文。
5. 修改作文。

教学内容

1. 教学情境一

老师走到学生中间，笑着拍了拍海洋同学，面向大家，微笑道："今天我们讲课时间缩短二十分钟。不是提前放学，不对，是有其他内容安排。什么内容？你们猜。"

学生猜：

"让海洋念作文吗？他写得很好？"

"不可能，念作文哪要二十分钟，应该是让海洋教一个游戏。"

"他能教什么游戏？可能他作文终于进步了，老师奖励我们，带我们玩游戏。"

"是老师心情好，要讲故事吧，老师，您来讲故事吧！"

……

2. 教学情境二

老师说："等一下，突然想起来，我要出去一下。"老师出去不到一分钟，步履匆匆地回来，手上多了一本作文本。老师将本子拍在讲台上，台下突然肃静。老师大声地说："你们觉得，这二十分钟到底应该用来干什么?!"说完盯着宇杨同学看了好几秒。

学生猜：

"宇杨的作文写得太烂了，让他念出来，大家帮他分析。"

"会不会宇杨在本子上乱涂乱画？他的课桌上都画了一坨便便，好恶心，让他来打扫卫生。"

"他打扫卫生，我们干什么？应该是老师要给大家上班会课了！"

……

3. 总结

情境设置要注意营造现场氛围，比如情境一老师"微笑"，情境二老师

"步履匆匆""将本子拍在讲台上";还要隐约地做一些暗示,比如情境一笑着拍海洋同学,情境二盯着宇杨看了几秒。这里强调"隐约",是指不能太明显,让人感觉可能有这意思,也可能没有,这样引起的"猜测",才更有"揣摩"的意味,也更能锻炼学生"察言观色"的能力。

学生习作

我猜出了我爸的心思

陈承乐

我爸这个人平时是个搞笑、爽朗的人,我很喜欢他。

有一天中午,我爸和我妈买房领钥匙回来,我发现我爸今天不怎么开心,脸色很难看,如同有一团乌云笼罩着。他什么也没说,回房间睡大觉去了。我有个疑问,为什么我爸今天不开心?根据我的初步判断,是我妈和我爸在路上吵架了。但是我很快否定了,因为领钥匙本该是件开心事。第二种可能,他们俩觉得我们的房子不怎么好。但是我爸是个很细心检查的人,不可能犯这种低级错误。我怎么也想不到。但我马上又看到我妈今天心情不错,说明他们俩在看房子的过程中,以及在回家的路上,并没有发生什么不愉快的事。就在我大脑一片空白、毫无思路的时候,我妈的一句话提醒了我。她说:"我准备把我们下面8楼的房子给阿乐住。"

这句话使我心中一惊,难道我爸是为了这件事而发愁的?这倒是有可能。我妈想让我留在梅州工作,但我爸希望我以后远走他乡,去外面生活。过了几个小时后,我爸怒气冲冲地冲出了房间,对我妈说:"我绝对不会让我儿子在这里生活,不能让他一辈子在梅州住!"我听完这句话,反而很高兴,因为我猜对了!

这件事就此结束,我以后也想去外面生活,想要去外面看看。

教学札记

　　通过猜测环节，同学们都拿起笔来，摩拳擦掌，跃跃欲试，他们都想显示自己有过人的"读心术"。我知道，每个孩子内心深处都埋藏着英雄主义，也就是想"逞能"，只看老师如何去引导和开掘。祖亮同学发现班长某天很反常："班长不再是'猎鹰'，眼中没有了'弓箭'，而是有一朵鲜花，在眼中开放。脸上也不再有南极的冰寒，也不是沙漠的酷热，而是满山遍野的鲜花青草。她哼着小曲，为什么这么高兴？"宥铭同学在作文开头写道："每个人都有心思，能猜出别人心思的，都拥有'读心术'。不绕那么多，今日就分享一下我的'读心术'。"范文作者的老爸平日里是"搞笑、爽朗"的，突然"脸色很难看，如同有一团乌云笼罩着"，于是作者就开始猜测老爸的心思了。两次推断，都被自己否定，还是妈妈的一句话点醒了"我"，于是"我"终于猜出了答案。这些过程，没有多少看得见的情节，全凭作者细心捕捉人物的神情动作和只言片语，这正是这道作文题的难度所在。小作者完成得

学生踊跃参与聊天

不错，推理过程表述很清楚，逻辑也很严密。也有个别细节还存在不足，如"但我马上又看到我妈今天心情不错"，"心情"跟"看到"搭配不妥，"心情"应改为"气色"，或全句改为"但我妈依然脚步轻快地在屋子里忙碌着"。让学生尝试描写人物的内心活动，不仅对写作，对一个人心智的成熟，也都是有积极影响的。

教学杂谈　这样聊天有助于学生快速构思

提到写作，学生最害怕的是什么？其一，没什么可写；其二，不知如何写。许多孩子都有过这种情况，铺开作文本，然后咬笔头，玩纸巾，摆弄橡皮擦，倒杯水，上趟卫生间……作文纸却一直空空如也。其内心是痛苦的，和便秘、难产相比，痛苦的表现虽不一样，但"出不来"的情形并无二致。

短时间内教孩子写出好作文，我并无高招，因为这需要时间、需要阅读量、需要生活积淀，当然，也需要天赋；但让孩子能快速下笔，我还是悟出了一点点门道，这里可以略略分享一二。

我反对讲太多方法，方法越多，禁锢越多，留给孩子的发挥、发展空间越小；但我愿在一个民主、平等的氛围内和学生多聊天，若学生平常不敢说话，又如何让他们动笔时有话可说？不过，实践证明，"民主"和"平等"其实是件不容易的事，且不说老师抵触，就是老师接受了，学生也不是能轻易接受的，他们会觉得超纲了，浪费时间了。我们要用道理说服他们，语文是一门特殊学科，一张口就是语文，一睁眼就是语文，不能为"纲"和"本"所束缚。课堂聊天的艺术是，看似讲闲话，但讲完后，发现重点全在其中。尝试几次，学生便知道对他们有用了。

那么"重点"是什么呢？比如为了帮助学生构思，我们的聊天内容里面应包含这"三问"：第一，什么是；第二，有什么；第三，想什么。三个问题中的"什么"，要根据题目或题目中的关键词灵活变动。

例1：作文话题是"珍惜"

当年正是汶川大地震过后，我从灾后的心理变化谈起。我说有没有可能，汶川某中学一个孩子，在地震当天曾和父母吵架，吵得很凶。学生说完全可能。

可能因为什么事吵？

什么事都可能吵，比如管孩子读书，一刻也不能停，讲的话孩子又不爱听，就吵了。

什么话不爱听？

凶狠的话不爱听，虚伪的话不爱听。

你爸妈是哪一种？讲过什么话？

我进步了十几名，他们不当一回事，吃饭时悠悠地说，同事的孩子年级第一名。这不是针对我吗？变着花样打击我吗？我说你爱谁做你的子女，你就去找吧。这样就吵起来了。

假如地震发生后，父母走了，孩子还活着，他回顾和父母最后一次聊天，会有什么想法？

天哪，要是没命了，什么太唠叨啊，讲话没艺术啊，连狗屁事都不算，可明白以后呢？晚了，父母回不来了。

所以要珍惜。在没遇上地震这件事之前，就应该懂得珍惜。

聊天解决的问题有三个：你要珍惜的是什么？你具体有哪些可珍惜的？你想过为什么要珍惜吗？将这方法告诉学生，他们自己也可以和自己"聊天"，"聊"完列出提纲：

我珍惜的是什么？答：我觉得要珍惜已拥有的幸福生活（或：亲情、友情、时间，选一个当重点）。

有什么珍惜？答：和灾区孩子相比，我很幸福，但却不知道珍惜，向妈妈发脾气，还摔了一只碗，妈妈来学校找我，我假装失踪。（要与上一问的答案一致，下同）

珍惜让你想到些什么？答：幸福来之不易，要好好珍惜。

例2：题目是"家乡的变化"

变化的是什么？答：生活条件（或环境、习俗）。

有什么变化？答：有娱乐设施，有大商场。

这种变化让你想到什么？答：我们有智慧去创造美好生活。

这"三问"其实是有用意的。第一问定范围，第二问定内容，第三问定中心。第一问，让你审题不跑偏；第二问，让你的作文内容充实，有细节；第三问，让你的作文有思想。做考场作文时，如果拿到一道题毫无思路，不妨向自己提这三个问题。

第六讲　作文就是想象

在有想象力的人眼里，文字如同院墙上的窗户，推窗望去万紫千红；文字如同钢琴上的黑白键，可以变奏出无限时空。"疑是地上霜"，让我们想到的，不仅是月色，还是心情；"残阳如血"，描绘的不仅是落日的余晖，更可以是战场的壮烈。富有想象力的文字，往往以少胜多，可以藏下整个宇宙。而一篇没有想象力的作文，往往平淡无奇、索然寡味。

"联想"和"想象"是一对孪生姊妹。联想是"由此及彼"，想象是"从无到有"。有一种"物人联想"，人同物，物同人，万物平等，不妨加以重点学习、领会。

教学过程

第一节：

1. 思维发散训练。
2. 学习几种想象的方式。
3. 有关想象力的片段训练。

第二节：

4. 组织一次制作叶脉书签活动。

5. 活动结束后写一篇作文。

教学内容

1. 思维发散训练

读下面的句子，每句至少说出两种不同的理解，旨在打破固定思维。

我跟他学英语。（他英语好，我向他学习；我和他一起在学英语）

谁都看不上。（这个人很傲慢，看别人不上；这个人很差劲，没人看上他）

能穿多少穿多少。（尽量多穿点儿；尽量少穿点儿）

你就等着吧。（时间没到，等着；做错了事，等着被收拾）

喜欢一个人。（喜欢上了一个人；不愿群聚，愿意一个人待着）

2. 想象力的几种方式

情境想象。（当时的情形，由沙滩想到贝壳、海鸥、比基尼）

推测想象。（由这一情节推测下一情节，边猜测边验证。"只听见扑通一声，雨来扎进河里不见了。妈妈立在河沿上，望着渐渐扩大的水圈发愣。"雨来会淹死吗？）

还原想象。（吃鸡蛋的时候，想到了母鸡和鸡圈）

延伸想象。（想到自己是卖火柴的小女孩，想到卖火柴的小女孩没死）

3. 物人联想示例

桥伴着江水，江水伴着我们，而两岸的霓虹正目视着这一切。江水没有拒绝灯光，你看她将光和影深深地吸进心底，或浓或淡，或长或短，船移动处，又漾开层层鳞片。我疑心光和影是江水的孩子，被呵护在掌心，又被允许顽皮地跳跃，是的，在慈祥的目光所及的地方，母亲也是这么娇惯着自己的孩子的。

4. 片段训练

请选一幅画面写一段文字。

（1）你那里下雪了，绿色的雪，圆润的雪，温暖的雪，飘飘洒洒。两个孩子乐坏了，他们张开双臂，任由雪花飘落在他们的头上、肩上和掌心上。他们跳跃着，旋转着，嬉笑着——这是多美的童话世界啊！

（2）孩子们，你们睡吧！我在为你们站岗，我伸长脖子，哪里有危险，我都会第一时间发现，并为你们抵御。等你们也长得像我这么强壮，那时候，我们就可以换个角色，换个姿势，继续相伴。

学生习作

参与制作叶脉书签活动，认真观察树叶变化过程，写一篇有丰富想象力的作文。选发两篇范文，一篇纸质稿，一篇电子稿。

范文一：

☆☆☆☆　温馨

用心去创作

"三角架，酒精灯，玻璃棒，勺匙，烧杯，棉网，玉兰叶……"这些，我还是第一次见呢！

"咳咳咳，今天我们要做叶脉书签。"哗，一下子，我们就兴奋起来了。老师先把烧杯放在三角架上用火燃起来把氢氧化钠放进去，再把玉兰叶放进。那样子，在我眼里不知怎样就变成了燃烧的火把。玉兰叶冒着烟。唷，一开始味道像极了燃烧的塑料袋味。可，可是过了一会儿，塑料味变成了一种茶叶味，一阵阵清香扑鼻。这就是大自然的"香水味"吧！可老师觉得像臭豆腐味，咸不咸的。或许只是心里茶香味分量更重吧！

啊！我终于有了自己的一片玉兰叶，小嫩绿的颜色，是出生在大森林王国血统高贵的公主。虽然她还穿着朴素的绿衣，但我肯定！

这公主离开了家乡去远嫁，我仿佛是她的女伴，肩负把她装饰好。我一腔精心呵护它，新手女伴，我接手的第一位新娘，我小心翼翼生怕毁了她的容貌。

新娘居然浑身是泥，小心地刷刷刷呀，刷刷刷呀，终于做好了第一片。新娘公主穿着用

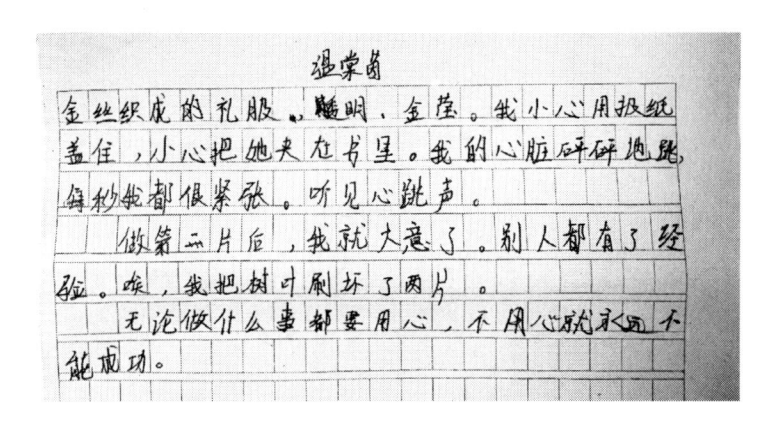

> 温棠茵
>
> 金丝织成的礼服、透明、金莲。我小心用报纸盖住，小心把她夹在书里。我的心脏砰砰地跳，每秒我都很紧张。听见心跳声。
>
> 做第二片时，我就大意了。别人都有了经验。唉，我把树叶刷坏了两片。
>
> 无论做什么事都要用心，不用心就永远不能成功。

范文二：

世上最美的书签

丘雨萱

世上最美的书签，是玉兰树书签。它如蜻蜓的翅膀，薄而美丽；又如天使金色的羽毛，闪耀着光芒。

遗憾的是，那一节课我请了假，没能体会到自己做书签的乐趣，那种小心翼翼的感觉只能来日体验了。不过，当老师把那片书签交给我时，我甚至觉得它会飞向广阔的天空，永远流浪在天际。即使，那不是我亲手做的，即使，我没有看见它从树叶变成书签的过程，但，我能感受到它的魅力。

我能想象到，它也许是芬芳的，也许是带着涩味的，也许是乌黑的，也许是碧青的，也许是闪着金光的——至少到我手上时，是金色的了。

它的芳香会引来无数的蝴蝶，清香如原野上的碧草，孩子看见它会欢笑，我会因它而陶醉。它虽是树叶，却如鲜花一样吸引人。它在树上，平淡无奇；当被摘下，又耀眼夺目。其他人的感受（参与做书签的）大概是耐心，或是坚持，我的感受只是震撼于它的美，又或是感叹：明明在树上那么不起眼，经过精雕细刻后，又是如此美丽！

我能想到，在我家的书房，有个在窗前埋头学习的女孩，她在疲倦时，突然闻着了一阵幽香，若有若无，但实实在在给了女孩力量；或许某天我还能梦到，有个女孩在睡梦中，身体轻盈地飘了起来，像一只蝴蝶一样，追随着一片金色的树叶，飞呀飞……

这是没参加活动的孩子写的作文。她用了还原想象，由树叶书签想到它挂在树上时的样子，并由此引出感慨，从叶子到书签，它的蜕变应归于"精雕细刻"，含蓄地表达了劳动创造美的思想。结尾又用了推测想象，想到以后的日子，书签的幽香将陪伴着自己成长，甚至她会和书签一道，去追逐美，创造美。

教学札记

　　如果以前让学生写一次制作书签的活动，全文大概会是这样的：开头写"你知道什么是叶脉书签吗？让我来告诉你吧"；中间写制作步骤，一、二、三步，制作好了；结尾感慨"这次活动真有意义"。换成其他活动，这个模板大概也适合，硬生生将本来个性化的创作变成了机械化劳作。这次要求同学们用上联想、想象，情况有了好转，至少同学们不得不用"心"了，他们将自身和树叶放在一个平等的位置，对味道、颜色、形态都有了新的诠释，比如香水味、朴素的绿衣、高贵的公主、新娘等等。这样写作，让孩子们的大脑开动起来了，心也鲜活起来了。一枚书签，为孩子们构建起了一个全新的小世界。

教学杂谈　作文的灵性来自宽容

　　要教出好作文容易，要让好作文各有各的好，让人耳目一新，这才是最难的事。前者是模式化的，拼接组装的，是死的；后者是个性化的，有呼吸感的，有灵性的。如何能教出有灵性的作文来呢？我以为有一条不容忽视，那就是宽容，来自老师、家长甚至整个环境的宽容。

　　有一个班的学生曾和老师、家长一起去看花圃。去之前，老师问他们以前出去游玩，回来写作文，大致怎么写。他们中竟然多数都是这么写的：先写天气，阳光明媚、碧空无云；再写美景，花团锦簇、绿草如茵；结合心情，兴高采烈、欢呼雀跃；最后写收获，满载而归、意义重大……老师说，列举的这些都不要再写了。学生问那写什么？老师答，用你的全身心去寻找答案。关于全身心写作，已经跟学生讲过了，要用眼、耳、鼻、舌、心、肌肤、大脑。它们告诉你什么，就写什么。有的学生趁机诉苦，说他曾经写校园一角，写了一个老师的小孩在垃圾池"寻宝"，结果老师给他打了红叉，说他心里没有真善美，家长也批评他的作文一个好词好句都没用上。

　　这次老师鼓励学生，只要是真的，都大胆去写，不会给红叉，也不会批评。老师的宽容，给了学生莫大的勇气和信心。这次作文里，学生们有的嫌天气太炎热，有的写蚊子太多，有的发现了生锈的钢管，有的留意了石缝间的青苔，还有的偷食了石斛，有的险些被死蛇吓出病来……在成年人眼里，这些东西有什么"美好"？可孩子们眼里的美好，或许就是这些不同寻常的事物。成年人见死蛇见多了，自然要麻木，而孩子这次看见死蛇，或许成了他最深刻的记忆。宽容他吧！你不让他写想写的话，就只能逼着他造出些假大空的话来。为什么很多孩子觉得写作很痛苦，根源就在这里。

　　事实证明，孩子的感官是最敏锐的。发现寻常事物的千姿百态，这是他们的天赋。有个孩子写了破旧的小屋、石头之间的青苔、白里带紫的礼服，这些在诗中被称作意象的东西，赫然写进了作文中。孩子应该还不懂什么叫意象，但她懂得了用自己的眼睛去捕捉易被常人忽视的事物。她还写出了"顾不上数一数拍死了腿上几只蚊子，只顾在花叶间穿梭"这样有灵性的句子，在这里，蚊子断然不是丑的东西，而是能比照出美来的重要的参照物。还有一位同学写"带锈钉子的木头旁边，我发现了心目中最独特的一朵花——孤零零的像少女身体一样的花"，这是多么有意境和意味的话语。若离开了老师的宽容，他们心里有，笔下也没有了。

　　如果老师和家长总以某一种标准去丈量，慢慢地，他们就会迎合这种标准，从此，他们无须自己去发现和感受，他们会睁着眼睛说瞎话，写出的作文自然没有血肉，没有灵性。如果这么写作，参不参加这次活动又有什么区别呢？更谈何开发智力、锻炼思维呢？

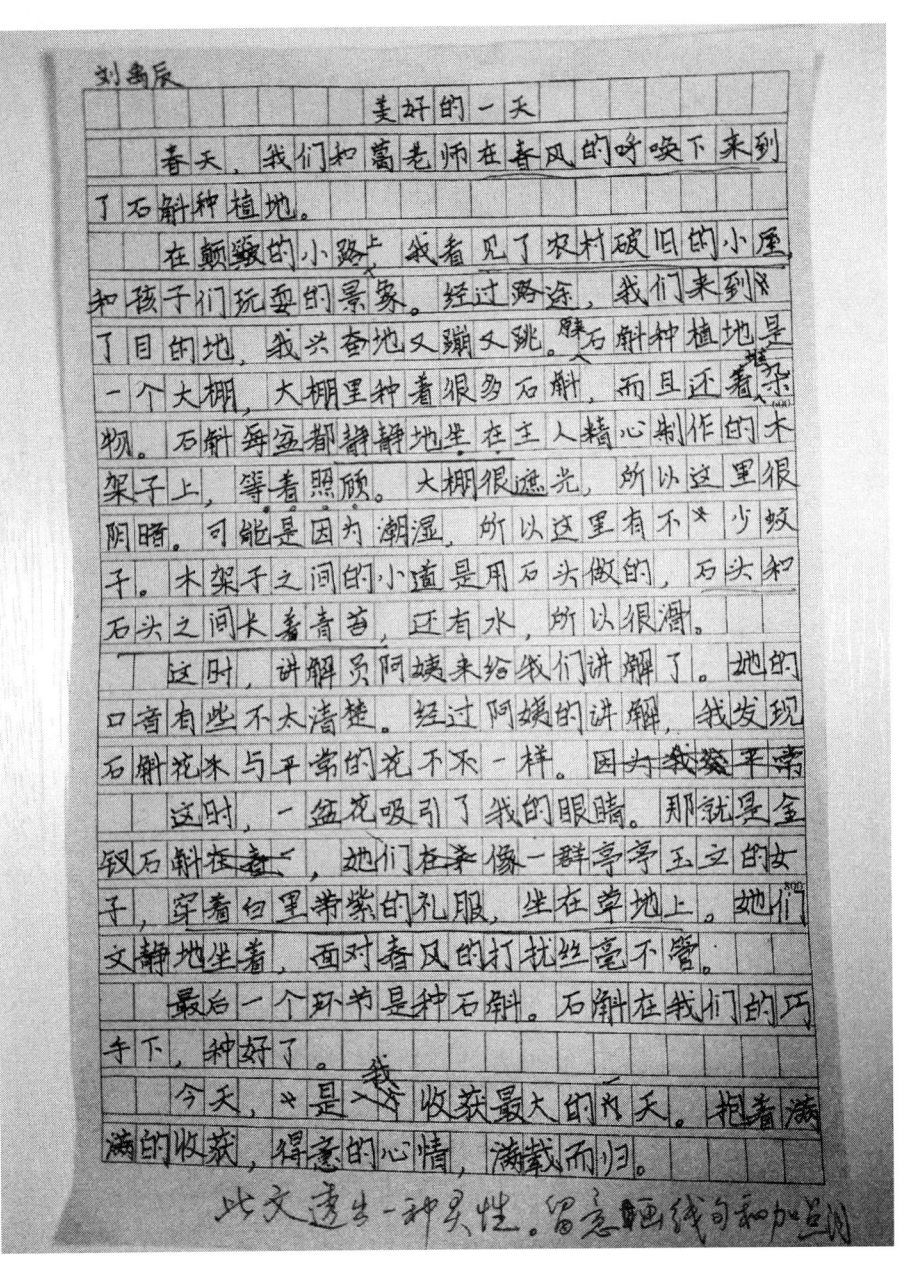

习作：

刘奥辰

美好的一天

春天，我们和葛老师在春风的呼唤下来到了石斛种植地。

在颠簸的小路上，我看见了农村破旧的小屋和孩子们玩耍的景象。经过路途，我们来到了目的地，我兴奋地又蹦又跳。石斛种植地是一个大棚，大棚里种着很多石斛，而且还有禾物。石斛每盆都静静地坐在主人精心制作的木架子上，等着照顾。大棚很遮光，所以这里很阴暗。可能是因为潮湿，所以这里有不少蚊子。木架子之间的小道是用石头做的，石头和石头之间长着青苔，还有水，所以很滑。

这时，讲解员阿姨来给我们讲解了。她的口音有些不太清楚。经过阿姨的讲解，我发现石斛花朵与平常的花不不一样。因为我觉平常

这时，一盆花吸引了我的眼睛。那就是金钗石斛花花，她们在辛像一群亭亭玉立的女子，穿着白里带紫的礼服，坐在草地上。她们文静地坐着，面对春风的打扰丝毫不管。

最后一个环节是种石斛。石斛在我们的巧手下，种好了。

今天，是我收获最大的一天。抱着满满的收获，得意的心情，满载而归。

此文透出一种灵性。留意画线句和加点词

作文的方法
——不讲方法才是好方法

第七讲　用耳朵写作

在作文理论中,"五感"写作、细节描写、视听结合等等,都为师生们所熟知。但在写作实践中,越被熟知的理论,越容易被漠视。就像我们使用语言,拣现成话、使用成语,反而缺乏冲击力一样,因为它和我们对陌生化、个性化的追求是背道而驰的。经探索,我提出了更浅易的表达:用眼睛写作、用耳朵写作、用鼻子写作、用舌尖写作……本讲只说"用耳朵写作",愿得举一反三之效。

教学过程

第一节:

1. 例文分析,了解用耳朵写作的妙处。
2. 学习准确描摹声音。
3. 总结:使用声音要注意时空差异。

第二节:

4. 组织修改自己的作文。
5. 练习用耳朵写作。

教学内容

1.《从百草园到三味书屋》（请找出描写声音的文字）

我家的后面有一个很大的园，相传叫作百草园。现在是早已并屋子一起卖给朱文公的子孙了，连那最末次的相见也已经隔了七八年，其中似乎确凿只有一些野草；但那时却是我的乐园。

不必说碧绿的菜畦，光滑的石井栏，高大的皂荚树，紫红的桑椹；也不必说鸣蝉在树叶里**长吟**，肥胖的黄蜂伏在菜花上，轻捷的叫天子（云雀）忽然从草间直窜向云霄里去了。单是周围的短短的泥墙根一带，就有无限趣味。油蛉在这里**低唱**，蟋蟀们在这里**弹琴**。翻开断砖来，有时会遇见蜈蚣；还有斑蝥，倘若用手指按住它的脊梁，便会**拍的一声**，从后窍喷出一阵烟雾。何首乌藤和木莲藤缠络着，木莲有莲房一般的果实，何首乌有拥肿的根。有人说，何首乌根是有像人形的，吃了便可以成仙，我于是常常拔它起来，牵连不断地拔起来，也曾因此弄坏了泥墙，却从来没有见过有一块根像人样。如果不怕刺，还可以摘到覆盆子，像小珊瑚珠攒成的小球，又酸又甜，色味都比桑椹要好得远。

长的草里是不去的，因为相传这园里有一条很大的赤练蛇。

长妈妈曾经讲给我一个故事听：先前，有一个读书人住在古庙里用功，晚间，在院子里纳凉的时候，突然听到有人在叫他。答应着，四面看时，却见一个美女的脸露在墙头上，向他一笑，隐去了。他很高兴；但竟给那走来夜谈的老和尚识破了机关。说他脸上有些妖气，一定遇见"美女蛇"了；这是人首蛇身的怪物，能唤人名，倘一答应，夜间便要来吃这人的肉的。他自然吓得要死，而那老和尚却道无妨，给他一个小盒子，说只要放在枕边，便可高枕而卧。他虽然照样办，却总是睡不着，——当然睡不着的。到半夜，果然来了，**沙沙沙！**门外像是风雨声。他正抖作一团时，却听得**豁的一声**，一道金光从枕边飞出，外面便什么声音也没有了，那金光也就飞回来，敛在盒子里。后来呢？后来，老和尚说，这是飞蜈蚣，它能吸蛇的脑髓，美女蛇就被它治死了。

2. 还原画面中的声音

（1）风呼呼地刮过，枯黄的芦苇叶像商量好了似的，齐刷刷地朝一边倒去。

（2）一只绿色的鸟，陶醉在绿叶氤氲的光晕中，它突然唧啾叫了一声，像在分享着喜悦。

（3）淙淙的流水激起了阵阵白雾，哗啦啦地冲刷着长满青苔的河床。

3. 下面这段话省略了哪些对声音的描写呢？请将它还原

忽然听见街上有人跑，震动了屋子和窗户纸。雨来下了炕，把书塞在怀里就往外跑，刚要迈门槛，进来一个人，雨来正撞在这个人的怀里。他抬头一看，是李大叔。随后听见日本鬼子叫。李大叔忙把墙角那盛着一半糠皮的缸搬开。雨来两眼愣住了，不知什么时候这里挖好了洞。李大叔跳进洞里，让雨来把缸搬回原地方，然后到别的院里去，并且要保密。雨来刚到堂屋，见十几把雪亮的刺刀从前门进来。他撒腿就往后院跑，背后一声枪栓响，有人大声叫，雨来没理他，脚下像踩着风，一直朝后院跑去，子弹向他头上飞来。

还原声音后：

忽然听见街上咕咚咕咚有人跑，把房子震得好像摇晃起来，窗户纸哗啦哗啦响。

雨来一骨碌下了炕，把书藏在怀里就往外跑，刚要迈门槛，进来一个人。雨来正撞在这个人的怀里。他抬头一看，是李大叔。……

随后听见日本鬼子叽里呱啦地叫。李大叔忙把墙角那盛着一半糠皮子的缸搬开。雨来两眼愣住了："咦！这是什么时候挖的洞呢？"李大叔跳进洞里，说："把缸搬回原地方，你就快到别的院里去，对谁也不许说。"

……

雨来刚到堂屋，见十几把雪亮的刺刀从前门进来。他撒腿就往后院跑，背后咔啦一声枪栓响，有人大声叫道：

"站住！"

雨来没理他，脚下像踩着风，一直朝后院跑去。只听见子弹向他头顶上嗖嗖地飞来。

4. 注意声音的时空差异（以下各段分别写的是什么季节、什么地方？）

（1）月亮地下，你听，啦啦的响了，獾在咬瓜了。你便捏了胡叉，轻轻地走去……

（2）时候既然是深冬；渐近故乡时，天气又阴晦了，冷风吹进船舱中，呜呜的响……

（3）秋蝉的衰弱的残声，更是北国的特产，因为北平处处全长着树，屋子又低，所以无论在什么地方，都听得见它们的啼唱。在南方是非要上郊外或山上去才听得到的。……在灰沉沉的天底下，忽而来一阵凉风，便息列索落地下起雨来了。

（4）四周是那么的宁静，你能听见一百米外松鼠在枯枝上跳来跳去，断枝掉下来，先微微地勾住另外的树枝，然后落到松软的草面上——永远地掉在那儿，静静地等着腐烂。

5. 请试着将这段话改成有声音的文字，同时要注意逻辑（在保留基本意思的情况下可大胆改写）

原稿：

一路上天色昏暗，失去了往日的生机，寒风依旧咆哮，树木无精打采地立着，有些花儿也耷拉着脑袋，让我不禁感到一丝丝寒意。不一会儿，我闻到了一股花香漂溢［飘溢］而来。我寻着花的芳香迈去，随后，我看到一株颜色洁白散发着淡淡幽香的花在岩石缝里生长着，原来这是一株梅花，这让我想到"宝剑锋从磨砺出，梅花香自苦寒来"。［去掉句号］这一诗句。在万物缺乏生机显着阴灰的情况下，这梅花仍然不惧严寒，昂扬挺立在岩石缝中顽强地生长着，仍然保持自己独自幽香而不随波浊［逐］流，这种顽强高洁傲岸不随波浊［逐］流的精神深深打动着我。花儿都拥有这种高贵精神，我们作为人何偿［尝］没有呢？这让我看到了希望，让我看到了光明，我重新背起书包朝家的方向迈去。

修改稿：

天色昏暗，小区失去了往日的生机。呜呜——腊月的寒风摇动着路边的树木、藤蔓，几片枯黄的叶子**瑟瑟**作响，没来得及挣扎，便仰面躺在了地上。突然，我闻到了一股花香。寻着香味望去，只见假山的一隅，一株蜡梅在岩石缝里挺着脊梁，一朵朵白色的小花在枝头怒放。那一刻，我仿佛听见一朵朵梅花对着灰暗的天空，对着**呼号**的寒风，在抗争，在**呐喊**，最后一股股力量轰然爆发。花儿都拥有这种顽强的意志和不屈的精神，何况人呢？这让我看到了希望，看到了光明，我重新背起书包，朝家的方向走去。

学生习作

聆听故乡的声音

张日新

> 聆听故乡的声音
>
> 上个寒假，我和父母一起到故乡——江苏农村，看望了爷爷。而我，也终于到梦寐以求的乡下痛痛快快地玩了一趟。
>
> 早晨，大家都还在床上"呼呼"地睡觉时，关在鸡圈中的大公鸡却早已起了床，"喔喔喔——"地呼唤着人们，似乎在高声喊道："起床了，起床了！"我揉揉惺忪的眼睛，钻出了被窝。
>
> 啊！多么新鲜的空气。我走到屋前，听着柿树上那几只不知名的小雀"叽叽喳喳"地叫嚷着。看门的小黄狗也早已起来了，一见我便"汪汪"直叫着，绕着我"呼哧呼哧"地喘着热气。来到鸡鸭舍，只见那鸡鸭一只只卧在草丛中，一见我便匆匆跑着，它们边跑发出"咯咯""嘎嘎"的叫声，一边"啪啪"地扇动着宽大的翅膀，把地上堆积的枯枝落叶踩得"嘎吱"作响。
>
> 故乡的人们也都没有闲着，你瞧马路上过往的"轰隆隆"的车辆，田地里喊着号子、辛勤劳作的农民。挨连家中院子里也来了不少人，他们有的和爷爷在屋里的桌上"哗啦"地打麻将；有的和奶奶在家里聊天，时时发出"哈哈"的大笑声……

教学札记

　　写人写景都可以加上声音。人有不同的说话习惯，景物有不同的声音特点。不同地方，不同季节，有不一样的声音，要注意声音的时空差异。

　　在作文修改环节，我们除了给原文加上了声音，还增加了一个更具体的地点：小区、假山的一隅。因为对于城里的孩子来说，放学路上要看到岩石缝里生长的梅花，并不是件容易的事。不能为了表达某种预设的感情，就不注意时间和空间的合理性了。记住，写人、写景要写声音，但是必须是合理的声音。

　　许多孩子在学校都写过"我的家乡""家乡的变化"之类的作文，但给人的感觉大都是平淡、呆板、空泛，写得好的，也不过是和官方宣传稿相似的东西，没有生气，没有童心，甚至满篇都是些现成话，分不出你的家乡是南方还是北方，写的是冬季还是春季，写作不再是创作，而是复制。本来写作是一件创造性的工作，具有培养专注力、观察力、分析判断力和启智修心的功能，但用不正确的方法写作，这一切都会因机械的劳作而消失殆尽。优秀习作《聆听故乡的声音》则很好，小作者注意选取了北方农村冬天特有的声音，一下将读者带入了一个真实的音画时空。

第八讲　好作文可以搬上舞台

细节是作文的生命。不管讲课文还是讲作文，老师们都会对"细节描写"作重点讲解、分析，但存在的问题是，讲归讲，写归写，理论知识不能深入学生的骨髓，即不能成为学生的习惯和品质。为了解决这个问题，我综合了细节描写的功能、目的，转换成一个学生感兴趣、易理解、能操作的提法：好作文可以搬上舞台。读一篇好作文，如同看了一场精彩的演出，好作文有现场感，有感染力，让人掩卷遐思，久久不忘。

教学过程

第一节：

1. 观看《憨豆先生》，尽情地笑完，再转述视频内容。
2. 表演"他骂憨豆先生脸皮厚"，将表演内容转化为文字。
3. 片段写作，写得好的同学上台表演。

第二节：

4. 写作。

教学内容

1. 观看《憨豆先生》考公务员作弊的视频,问学生发笑的原因,再完整转述视频内容。

发笑的原因:歪点子多,想了很多办法来达到目的;厚颜无耻,做了坏事还装作若无其事的样子;结局可笑,处心积虑抄来的全是错误答案。

画面再现:憨豆先生歪着脑袋,一副苦思冥想的样子,而眼珠子仿佛粘在了同桌的试卷上。见同桌有所察觉,他赶紧咬着笔头,眼观前方,继续"思索"。同桌埋头做题了,他便将自己的上半身平移过去,仅偷看了一眼,又被察觉了。同桌做完正面的题目,翻过去做背面,而憨豆先生没来得及抄完,怎么办?他撮起嘴巴吹了一口气,一阵"自然风"翻动了同桌的试卷。憨豆先生瞧见了答案,摇头晃脑,洋洋得意。可高兴得太早了,同桌闭目理了理思路,突然将试卷揉成了一团,扔了。顿时,憨豆先生嘴角下拉,欲哭无泪。

2. 表演"他骂憨豆先生脸皮厚"。表演之前,要先想好台词,想好舞台动作。可指导学生由易到难,逐步完成。

(1) 添加语言

他骂憨豆先生:"你脸皮可真厚!"

（2）添加动作

他用手指着憨豆先生的鼻子骂道："你脸皮可真厚！"

（3）添加神态

他瞪了憨豆先生一眼，用手指着他的鼻子骂道："你脸皮可真厚！"

（4）添加心理

他想，这人还真不可理喻，真麻烦！于是瞪了憨豆先生一眼，用手指着他的鼻子骂道："你脸皮可真厚！"

3. 阅读《一碗馄饨》，完成任务：母亲怎样"等"她吃饭呢？她们会说些什么、做些什么呢？请准备好剧本，然后选三人上台来，两人表演，一人旁白。

习作：

一碗馄饨

那天，她跟妈妈又吵架了，一气之下，她转身向外跑去。

她走了很长时间，看到前面有个面摊，这才感觉到肚子饿了。可是，她摸遍了身上的口袋，连一个硬币也没有。

面摊的主人是一个看上去很和蔼的老婆婆，看到她站在那里，就问："孩子，你是不是要吃面？""可是，可是我忘了带钱。"她有些不好意思地回答。"没关系，我请你吃。"老婆婆端来一碗馄饨和一碟小菜。她满怀感激，刚吃了几口，眼泪就掉了下来，纷纷落在碗里。

"你怎么了？"老婆婆关切地问。

"我没事，我只是很感激！"她忙擦眼泪，对面摊主人说，"我们不认识，而你却对我这么好，愿意煮馄饨给我吃。可是我妈妈，我跟她吵架，她竟然把我赶出来，还叫我不要再回去！"

老婆婆听了，平静地说道："孩子，你怎么会这么想呢？你想想看，我只不过煮了一碗馄饨给你吃，你就这么感激我，那你妈妈煮了十多年的饭给你吃，你怎么会不感激呢？你怎么还要跟她吵架？"

女孩愣住了。

女孩匆匆吃完了馄饨，开始往家走去。当她走到家附近时，一眼就看到母亲正在路口等她吃饭。

参考示例：

女孩匆匆吃完了馄饨，开始往家走去。当她走到家附近时，一眼就看到疲惫不堪的母亲正在路口四处张望……母亲看到她，脸上立即露出了喜色："赶快过来吧，饭早就做好了，你再不回来吃，菜都要凉了！"这时，女孩的眼泪又开始掉了下来！

4. 布置作文。

请以"铭记"为话题写一篇作文。要求写出铭刻在心的人物、画面、场景，力求带给人观看舞台表演一般的感受。

学生习作

"空巢老人"从来没有让我那样铭记过

刘佳懿

周末的乡村，小河里居然没有一个孩子在嬉戏。

爸妈都外出打工，常年不在家，所以我就是人们口中的"留守儿童"。有时看着别人的父母率着孩子去玩，我总会觉得父母是不是不爱我，渐渐地心中就有了些怨念。

前年的暑假，爸妈让我去他们工作的地方和他们一起度假，我满心欢喜。在那里父母租了一个房子，房东是个老奶奶。

说是和我一起度假，其实每天爸妈上班时总是独留我和老奶奶在这房子里。我从不主动去找老奶奶，因为我觉得我跟她不是一个世界的人，没有共同话题。不过她对我还好，就是每天唠叨个没完，她说，老伴去世好些年了，就一个儿子，远在上海工作，老大不小了还没结婚……

唉，原来她也和我一样"留守"——孤独的"空巢老人"。这时，她好像听到我心中的叹息似的收住了话匣子。

不久后，老奶奶笑眯眯地和我说她儿子要回来了，还要带个女朋友回来，到时去她家吃好吃的。高兴之余，她还说起了自己的老伴，脸上露出了丝丝甜蜜的笑。我也替她高兴，可心里却想着爸妈什么时候才能陪我去玩玩啊，我都出来快两个星期了。

晚上，我试着问："妈，明天带我去玩，好吗？""乖，爸妈最近活比较多，再过两天吧！""哦……"

第二天，老奶奶说她儿子中午就到，说完，她满怀欣喜地整理着装。中午，突然听到一吼声："好你个小兔崽子，骗我呐，翅膀硬了，啊……"老奶奶铁青着脸，瞪着门口孤单的儿子，不愿听他的解释。

以后的几天，爸妈还是忙着。终于，我生气了，跟着老乡回了老家。没想到一个星期后，妈妈突然站在家门口，望着平时只有逢年过节才回家的妈妈，我有点惊讶。晚上，妈妈告诉我说，那老奶奶在我回家后的第二天突发心脏病，是爸妈帮忙送去医院的，没两天就去世了，她的儿子号啕大哭。在医院老奶奶还对妈妈说："别让你家孩子太孤独了！"

那天，我和妈妈一夜未眠。我从没想过一个陌生的孤独的和我不是一个世界的"空巢老人"会让我那样的铭记。

点评：这篇作文让我越看越沉重，越看越心酸，看到结尾的那个安静地躺着的句号，我竟然当它是在呐喊和控诉的张圆的嘴巴。一个"和我不是一个世界的"老人，为什么会让我铭记？因为俩人有共同的遭遇，共同的处境，写老人是在写自己，写自己是在写老人，相互补白，相得益彰。还值得一提的是，小作者对老人的神情变化描摹得极为真实、贴切，如"笑眯眯地""露出了丝丝甜蜜的笑""满怀欣喜地"，等等，这些画面都可以在舞台上呈现出来，让作者铭记，也让读者铭记。这些描写也与下文的表情形成强烈反差，极好地反衬出了老人内心的悲凉。

教学札记

"好作文可以搬上舞台"，这个观点虽片面，但在特定的学习阶段还是很管用的。好作文不一定都能搬上舞台，比如以叙述、抒情、议论为主的作文，是不能搬上舞台的,但也不影响它成为好作文。而初学阶段,我们还是要体现文学作品的"形象性",这样,才能让篇幅短小的作文也做到具体生动。我们的目的就是要让学生能抓住生活细节,能学会描述。但这些理论空洞乏味,学生听了也就听了,并不能转变成写作习惯。于是我将理论转化成通俗易懂的讲解,告诉学生不要只代替人物去介绍,要让人物自己去表演。比如学生写"那天下着倾盆大雨,爷爷喝了个烂醉如泥",我说虽然你用了两个成语,但不具体,也不生动。在文学作品中,成语并不是好东西,因为那样会让天下的大雨都"倾盆",世人的醉态都"如泥",作文就失去了个性,就不能给人留下深刻的印象。如果是拍电影,导演看到你的脚本,也犯难了,因为你没给他具体的"舞台说明"。后来小作者描写了喝醉酒的爷爷在风雨中和一棵小树一起倒地的情形,效果好多了;再后来又具体写出了那是一棵爷爷亲手种下的桂花树。照这样修改,想想,读者脑子里是不是有逼真的生活画面了?

第九讲　在作文中当法官

作文是情感流露、思想表达的重要方式，从夹叙夹议，到多种表达方式的灵活运用，这些都是学习写作的重要内容。这些术语映射到生活中，就是对人和事表达自己的想法和见解，说好听了是"头头是道""鞭辟入里"，说不好听就是"说三道四""品头论足"。归到能力点、提升点上，就是要让学生爱思考，有思辨能力。在教学实践中，我发现"在作文中当法官"这一提法，还是挺能调动学生积极性的。每个孩子都敬慕"威严"和"公正"，都跃跃欲试，争夺"话语权"。理性思考，个性表达，就是这样慢慢练就的。哪怕是偏激、执拗，对写作来说也不是坏品质。

教学过程

第一节：
1. 师生合作，完成情境推理剧《谁放的屁》。
2. 对比原稿和修改稿，领悟分析"评判"在作文中的重要性。
3. 学习范文《一件小事》。

第二节：

4. 修改作文《老师，我误解您了》或以《××，这次你（或"我"）真的错了》为题写一篇作文。

教学内容

1. 逐段展示情境推理剧《谁放的屁》，并提出问题让大家思考、表达。

（1）一天，福尔摩斯、狄仁杰、柯南和东野圭吾四人一起开车去一个地方。东野圭吾开着车。

（为什么开车的会是东野圭吾？）

参考示例：

当然是他开车。狄仁杰是古代人，还是当大官的，马车都不一定会开；福尔摩斯也差不多，19世纪末的人，驾照肯定是没有的，逮住了罚款两千、拘留十五天；柯南更别提了，一个娃娃，动漫人物，个子又矮，坐座位视线估计也就到方向盘的位置，脚都够不着油门踏板。

（2）东野圭吾坐在驾驶员的位置，副驾驶坐着狄仁杰，后面坐着柯南，福尔摩斯坐在柯南左手边。车内气氛有点冷淡。

（什么会是这种气氛？）

参考示例：

你们想啊，这群人都是大侦探（东野是大作家），名人，粉丝数以千万计，用时髦点的话说，四个人都是大IP，谁没一点个性呢，反正都不是没话找话的主儿。于是就这么沉默着，任凭汽车朝前驶去。

（3）走着走着，柯南突然说话了。"谁放屁了？"他说。事实上，他闻到臭味已经有一会儿了。本来，他想忍一忍算了，放屁嘛，人之常情，车上都是有头有脸的人物，说出来有点难听。他偷偷按了一下车窗按键，想开条缝，让新鲜空气进来吹淡臭气，没想到车窗被锁上了。又忍了一会儿，越想越生气。

（柯南生气的理由可能有哪些？）

参考示例：

生气的原因有三点：第一，这个屁确实太臭，加上车厢属于封闭状态，味道一直散不开，他感觉恶心。第二，这些人中明明有人放了屁，他不主动承认也就算了，其他人却也假装没事似的，难道是都没闻到吗？怎么可能呢，车内空间这么小，这不是虚伪是什么？大家都是大侦探耶，代表正义的人，怎么能如此虚伪？第三，也是最重要的一点，由于大家都不承认，那么自己不知不觉也成了放屁嫌疑人了。你想啊，那三人中只有一人放了屁，另外两个肯定会怀疑除自己之外的所有人，那么他不就无缘无故也成了被怀疑对象了吗？

（4）必须得找出真正的放屁者，还我清白！于是，他就说话了，并且那种半开玩笑半正经的口吻拿捏得非常得当，你们想啊，这样的话从一个小孩的嘴巴里说出来，最起码不会让人尴尬吧，虽然大家都知道他身体里住着的是一个成熟少年的灵魂。柯南说："这屁有点儿劲道嘛，谁放的？""不是我。"福尔摩斯首先否认了。

（为什么首先否认的会是福尔摩斯？）

参考示例：

他的想法是，自己就坐在柯南旁边，自然会被认为是第一个怀疑的对象。

（5）"也不是我啊，我在开车。"东野边说，边给左侧的车窗开了条小缝，"对不起，我有点感冒，鼻子塞住了。闻不到。"东野象征性地吸了吸鼻子。

既然三位都出来否认，剩下的那位再不表明态度就有点说不过去了。然而狄仁杰传来了轻微的鼾声。大家面面相觑，最终东野伸手把他推醒了。

"到了吗？"狄仁杰猛然惊醒。

"狄大人，你闻到了吗？"东野问。

"什么？"

"臭屁。"

狄仁杰一脸蒙，他看了看东野，接着回过头，发现福尔摩斯和柯南都盯着自己，他一下明白了，他重重地拍了座椅，大声地为自己辩护了一通。

（狄仁杰如何为自己辩护？）

参考示例：

"什么臭屁？你是在开玩笑吗？你们什么意思？难不成你们怀疑我放臭屁了？我都睡着了……难不成你们怀疑我在装睡，以此掩饰自己放了一个臭屁？有必要吗？想我狄仁杰在世上混了这么多年，影视作品都拍了好多部了，一直以来都是以刚正不阿、三观超正、道德模范的正派形象示人，什么时候被人如此怀疑过？这已经不单单是一个屁的问题了，而是关系到我个人名誉好坏的大事！因此，今天必须得把事情说清楚。"

（6）最后，三个大侦探和一个推理小说家只好停下车来，就为这么屁大的事儿争得不可开交。

（作者此处会有什么感慨？）

参考示例：

唉，事情没有结论，要去的地方也没去成。一个人要是只会打打口水仗，不知珍惜时间去办实事，再高的智商，也是浪费啊！

2. 对比原稿和修改稿，领悟分析"评判"在作文中的重要性。

教师启发学生思考：将刚才展示的原文读一遍，再将原文和各个问题的参考示例连起来读一遍，哪一种读过去更过瘾呢？第一遍读的，是对事件的客观记录，而第二遍就多了讲述者自己的思考了，加上去是不是精彩多了？所以我们写作文，其实是在一边写，一边评判是非对错。原来我们在写作过程中也能体验一把当法官的滋味！

3. 学习范文《一件小事》，然后回答问题。

一件小事

我从乡下跑到京城里，一转眼已经六年了。其间耳闻目睹的所谓国家大事，算起来也很不少；但在我心里，都不留什么痕迹，倘要我寻出这些事的影响来说，便只是增长了我的坏脾气，——**老实说，便是教我一天比一天的看不起人。**

但有一件小事，却于我有意义，将我从坏脾气里拖开，使我至今忘记不得。

这是民国六年的冬天，大北风刮得正猛，我因为生计关系，不得不一早在路上走。一路几乎遇不见人，好容易才雇定了一辆人力车，教他拉到S门去。不一会，北风小了，路上浮尘早已刮净，剩下一条洁白的大道来，车夫也跑得更快。刚近S门，忽而车把上带着一个人，慢慢地倒了。

跌倒的是一个女人，花白头发，衣服都很破烂。伊从马路边上突然向车前横截过来；车夫已经让开道，但伊的破棉背心没有上扣，微风吹着，向外展开，所以终于兜着车把。幸而车夫早有点停步，否则伊定要栽一个大觔斗，跌到头破血出了。

伊伏在地上；车夫便也立住脚。我料定这老女人并没有伤，又没有别人看见，**便很怪他多事，要是自己惹出是非，也误了我的路。**

我便对他说，"没有什么的。走你的罢！"

车夫毫不理会，——或者并没有听到，——却放下车子，扶那老女人慢慢起来，搀着臂膊立定，问伊说：

"您怎么啦？"

"我摔坏了。"

我想，**我眼见你慢慢倒地，怎么会摔坏呢，装腔作势罢了，这真可憎恶。**车夫多事，也正是自讨苦吃，现在你自己想法去。

车夫听了这老女人的话，却毫不踌躇，仍然搀着伊的臂膊，便一步一步的向前走。我有些诧异，忙看前面，是一所巡警分驻所，大风之后，外面也不见人。这车夫扶着那老女人，便正是向那大门走去。

我这时突然感到一种异样的感觉，**觉得他满身灰尘的后影，刹时高大了，而且愈走愈大，须仰视才见。而且他对于我，渐渐的又几乎变成一种威压，甚而至于要榨出皮袍下面藏着的"小"来。**

我的活力这时大约有些凝滞了，坐着没有动，也没有想，直到看见分驻所里走出一个巡警，才下了车。

巡警走近我说，"你自己雇车罢，他不能拉你了。"

我没有思索的从外套袋里抓出一大把铜元，交给巡警，说，"请你给他……"

风全住了，路上还很静。我走着，一面想，几乎怕敢想到我自己。以前的事姑且搁起，这一大把铜元又是什么意思？奖他么？我还能裁判车夫么？我不能回答自己。

　　这事到了现在，还是时时记起。我因此也时时熬了苦痛，努力的要想到我自己。几年来的文治武力，在我早如幼小时候所读过的"子曰诗云"一般，背不上半句了。独有这一件小事，却总是浮在我眼前，有时反更分明，**教我惭愧，催我自新，并增长我的勇气和希望。**

一九二〇年七月。

　　思考：作者在文中充当了"法官"，他是怎么评判车夫、女人和"我"的呢？

　　答案参考文中黑体部分。

学生习作

习作一：

老师，我误解您了

原文：

　　"丁零零——"预备铃响了。同学们陆续走进教室，教室里一片喧哗。

　　"预防近视，眼保健操现在开始。"学校的喇叭里传出声音。

　　生活部长从座位上站起来，喊道："做眼保健操。"可仍有几个捣乱分子在座位上不停吵闹，喧哗声压住了一切，他的命令丝毫不起作用。这时数学老师走进教室。那几个同学依然如故。［此处省略40字左右，请补全］

　　生活部长无计可施，我们看着数学老师，只能寄希望于老师来管管了。

　　"上课。"数学老师突然一反常态，提前宣布上课。

　　同学们全都站起来了，这对于大家来说已经形成条件反射了。我们站在那儿不满地望着老师，心里挺气愤：老师［此处省略50字左右，请补全］

　　"请坐下！"

看样子老师要讲课了。我们气愤至极，无话可说。

"请做操！"老师的神情很严肃，带着命令的口气。

同学们乖乖地依着音乐的节拍，静静地、轻轻地揉着眼睛。刚才那几个"喧闹分子"再不敢哼一声。我们这才明白了老师的用意。[此处省略20字左右，请补全]

老师，我误解您了！这件事我至今不忘，因为我从中学得了很多很多。

修改稿：

"丁零零——"预备铃响了。同学们陆续走进教室，教室里一片喧哗。

"预防近视，眼保健操现在开始。"学校的喇叭里传出声音。

生活部长从座位上站起来，喊道："做眼保健操。"可仍有几个捣乱分子在座位上不停吵闹，喧哗声压住了一切，他的命令丝毫不起作用。这时数学老师走进教室。那几个同学依然如故，**实在可恶。自己不爱护眼睛，还影响其他同学，影响文明班级考核，难道你们就一点班集体荣誉感都没有吗？**

生活部长无计可施，我们看着数学老师，只能寄希望于老师来管管了。

"上课。"数学老师突然一反常态，提前宣布上课。

同学们全都站起来了，这对于大家来说已经形成条件反射了。我们站在那儿不满地望着老师，心里挺气愤：老师**不但对不做操的同学视而不见，还要占用做操时间！学校不是早规定任课老师不得占用做操时间么？为什么老师可以带头不遵守纪律？**

"请坐下！"

看样子老师要讲课了。我们气愤至极，无话可说。

"请做操！"老师的神情很严肃，带着命令的口气。

同学们乖乖地依着音乐的节拍，静静地、轻轻地揉着眼睛。刚才那几个"喧闹分子"再不敢哼一声。我们这才明白了老师的用意。**老师，您这一招太高明了！怪不得说苦干不如巧干，我要为您的巧干点赞！**

老师，我误解您了！这件事我至今不忘，因为我从中学得了很多很多。

习作二（病文）①：

同桌，这次我真的错了

在人生的道路中，有许多光彩的事，经历的每一件事，都会从中悟出道理……然而，正是这件事，一直教育着我。

那是一个阳光明媚的中午，我发现我的橡皮擦不见了，便急急忙忙地在教室里大喊大叫起来："我的橡皮擦不见了？谁拿了？"教室里鸦雀无声，同学们个个一声不吭。忽然，我眼前一亮，东东的桌子上有一块橡皮擦，正和我的一模一样：正面画了一个"△"符号，那正是我故意做的一个记号。

我快步走到东东面前质问道："为什么拿我的橡皮？"东东抬起头，满脸委屈地说："我没拿你的橡皮！"我冷笑着说："哼，别装模作样了！"东东神情顿时严肃起来，气冲冲地说："你不要血口喷人！"我急忙争辩道："这橡皮正面有我特制的'△'符号，总不会是那么巧，你的橡皮上也会有一个吧？"经过我的一番"唇枪舌剑"，东东终于认输：他低着头，冷着脸，好像六月天下了一层九月霜，猛然抓起橡皮往我手上一扔……同学们闻声赶来，个个七嘴八舌纷纷议论着这件事。别看东东那么伤心，可我却在暗暗自喜。

放学回家，我又开始做作业，不料，我的橡皮鬼使神差地"蹦"了出来。哎呀，这才是我的橡皮！我错怪东东了！我的脸热乎乎的，简直无地自容，巴不得找个缝儿钻进去。

第二天，我到学校向东东道歉，可是东东却永远不原谅我了。晚上，我一个人蒙在被窝里，大哭一场。

我和东东的友谊就因为这件事而彻底破裂了。但我还是很感谢这件事的发生，告诉我做什么事都要三思而后行。如果时光能够倒流的话，我还真希望这件事不要发生，因我的错误而造成两人的伤心，我真不该呀！

病文剖析：这是一篇典型的脱离生活的假作文，一切按套路走：错怪同学，发现自己错怪了同学，想向同学道歉，同学转学走了。结尾改了一下，没说同学转学走了，而是说"永远不原谅我了"，至于"永远不原谅"的原

---

① 本习作问题较多，因是"病文"，保留原样。

因，没有交代，只能永远是个谜了。同样缺乏交代的是，为什么"我"在橡皮擦上特制的符号，东东橡皮上也有呢？假的真不了，说谎总会有漏洞。写作，还是要多留意生活，认认真真生活，认认真真写作。学会了生活，学会了做人，也便学会了作文。

习作三（范文）：

这次你真的错了

难道夸奖一个人还需要事先查查词典吗？难道夸奖一个人还需要他所谓的认可吗？我真的一无所知……我只知道，我是发自内心地赞美你，你别再误会我了，这次你真的错了。

你那天穿的衣服很合身，颜色又很鲜艳，我觉得你就像百花丛中最娇艳的一朵花儿一样，于是我就脱口而出赞美你了！你为什么会认为我是讽刺你，挖苦你，嘲笑你呢？我怎么会认为你很风骚，很轻佻呢？你说"妖艳"这个词用来形容你，就是这意思！天啊，我语文不好，我真的是这么用词的吗？这个词真的是不好的词吗？如果我错了，我是无心的。可是，你再怎么认为我错了，也可以给我解释的机会呀，不愿听人解释的人，就什么错也没有吗？

你认为我是在八卦你，你说这件事我就是一个谋划者，你的推理能力超过了福尔摩斯，超过了狄仁杰，你是东野圭吾吗？准备把我塑造成一个杀手吗？

你说吧！你要怎样才能相信我？是要我上刀山，还是下火海？哎！算了吧！说些实际的，你是想喝优乐美，还是想吃方便面？不过想一想，你没我这么贪吃，你还是放过我吧，你的推理也有失误的时候，这回你真的错怪我了，我们见了面好好聊聊。我都把这件事写进作文了，还不够让你相信吗？

好吧，要是我真的像你说的那么坏，那就让我天打五雷轰吧！可是雷声没响，怎样？这说明还是你错了吧？

教学札记

让学生大胆表达，就是这一讲的目的。喜怒哀乐，是非曲直，都可以表达。而且教师和家长一定要明确，我们说的"表达"，是孩子在表达，是表达孩子自己的心声。教师和家长面对孩子的作文，要慎用"你应该如何"，你该这么认为，你该那样觉得……这样的句子明显有毛病，心理活动是因人而异的，哪有应该不应该一说？我们要大胆鼓励孩子说出自己的心里话。假如有些话"三观"不正，应该平等地和他/她探讨：你的看法是这样，而我却不这么认为……大可借此循循善诱，而不可限制他/她按自己的想法去表达。要让孩子敢说话，这是写好作文的前提。

教学杂谈　学会批判性阅读

我跟孩子们说学作文是顺便的事，因为爱生活，爱阅读，比写作更重要，也可以说，如果你爱上了生活，学会了阅读，写作也就不难了。问题是多数人不懂得如何阅读，人没有钻进书里，书没有钻进脑子里，人和书的关系只是熟悉的陌生人，"在人群里多看了你一眼"而已，擦肩而过后，连名字都想不起来。那人和书应该是一种怎样的关系才好呢？应该如同老朋友，有说不完的话，也有吵不完的架。你要能和书本做无声的交流，但又不能什么都听书上的，"尽信书不如无书"，要多质疑，要有批判精神。

据说美国高考阅读很难拿高分，难就难在 Critical Reading，即：批判性阅读。有人可能会想，我又不去美国参加高考。那我要告诉你，中国的语文考试虽没有"批判性阅读"这个词汇，但咱们的新课标里有另一种意思相近的表述，叫"个性化解读"。想从文中找几个词语来回答问题的时代已经过去了，"背多分"的时代也一去不复返了。思辨、个性、批判、多维……这才是人才角逐中的关键词。其实道理很简单，时代需要的大脑，应该有思想功能，而不仅是储存功能。

我们不妨看看梓睿同学的作文（如下），这孩子正是在进行批判性阅读呢。这篇作文我不用看内容，看看题目就很喜欢，因为他的大脑不只是用来储存的，也用来思辨和批判。

梁梓睿

罗贯中，你"欺骗"了我

《三国演义》可以说是家喻户晓的一本名著了。里面不仅有曲折的故事情节，生动的人物描写，令人看赞不绝口。但是这本书最大漏洞是不科学。

在本书里你总是偏向刘备，丝毫不顾曹操和孙权的感受。好歹曹操也是历史上的一代枭雄，孙权也是一代年轻优秀的君主，在书中他们都好像被刘备"压制"了。但这些都不是最不科学的。

恕我直言，诸葛亮和周瑜这对死对头才是最不科学的。先说说诸葛亮吧，在别人眼中，他是神机妙算，料事如神的化身。但有一点，他似乎牛过头了。就说说"东风火烧连环船"，诸葛先生就装神弄鬼借来了东风，比现在天气预报还要准，简直可以呼风唤雨。我建议诸葛亮可以用《封神榜》战术。

说完诸葛亮，再来说说周瑜。周瑜原本是个难得的人才，自己长得英俊，又多才多艺，是许多江东女子的偶像。但在书中，周瑜跟诸葛亮比起来就是天壤之别，周瑜连自己最引以为傲的"赤壁之战"在书中都好似诸葛亮帮了很大忙。还算是抢功劳了吗？

虽然这本书有很多不科学的地方，但它终归是四大名著，必能流芳百世，这次"欺骗"是我想对罗贯中表达的一种心境，如果不说出来，感觉心里很不舒服。

第十讲　从最重要的内容写起

知道学生咬破笔头无从下笔的原因吗？知道学生周末作文为何不到最后一刻无法完成吗？据我分析，无话可写是一方面，害怕写不对才是更重要的原因。这和前面提到的老师喜欢讲"你应该如何"有很大关系。别说写作文，就是日常能做的事，要是多听几遍"你应该如何"，也会不知所措。写不好作文的学生，在家也可能是个话痨。那他讲话怎么那么有能耐呢？因为讲话时大人不会指责他应该这样不应该那样，要么听任他怎么讲，要么让他闭嘴。如果对待学生的书面表达（作文）也像对待口头表达一样，情况就好多了。

我对落笔困难的学生是这样指导的：我让他们模拟生活情形。对一件事，你先不去想如何下笔写，你只要想想回到家如何跟爸爸妈妈说。比如张定同学看见教室的地板上有一只毽子，他习惯性地对着它飞起一脚，谁知毽子是插在墨水瓶上的，谁知班主任这时又刚好走进了教室，结果，老师的白色T恤就遭殃了。放学时，某个同班同学一跳上妈妈的摩托车就大喊："妈妈妈妈，今天张定把班主任给黑了！"你看，这个同学不用打草稿，就打开了话匣子，还特别有悬念，特别能调动起听者的兴趣。在作文中写这件事，就以"今天张定把班主任给黑了"一句开头，不是极妙的吗？

教学过程

第一节：
1. 讨论学生作文中存在的几种开头模式。
2. 归纳几种类型的"重要内容"，指导学生快速落笔。
3. 阅读范文，领悟：读者关心的就是重要内容。

第二节：
4. 写作任务：从平常的生活中发现不平常，并动笔写下来。写的时候，不妨从重要的内容（不平常）写起。

教学内容

1. 学生作文中存在的几种开头模式。

（1）排他式：想写 A，先写 B、C、D。

《我的爱好》：有人爱好踢球，有人爱好画画，而我的爱好是书法。（评：人的爱好不一样是很正常的，读者关心这个吗？）

《我的故乡》：我的故乡比不上巍峨的长城，也比不上秀丽的漓江，她是有着悠久历史的文化古城 X 州。（评：毫无可比性，有意思吗？）

（2）选取式：……有很多，而我要写的是其中……

《一件难忘的事》：在我的脑海里珍藏着许多印象深刻的事，像天上的星星一样闪烁，而有一件事，是其中最璀璨的一颗。（评：居然有同学写《我的家人》也用"我的家人有很多，像天上的星星一样"开头。）

（3）对照式："没有……有……"或"不是……而是……"

《校园的早晨》：校园的早晨，没有炎炎烈日，也没有灼灼晚霞，但有闪亮的露珠和耀眼的晨光。（评：乍看没问题，细想不对劲，按整个句子的逻辑,"炎炎烈日"好像是很好的东西?)

《我的班长》:我的班长不是英雄,他是我们中的普通一员。(评:好像"班长"和"英雄"有必然联系似的。)

以上模式严重束缚了同学们的思维。学生落笔想到的只有形式,所写内容既不重要,也没人关心。

2. 几种类型的"重要内容"。

(1) 印象最深。

《一百分的来历》:期中考试过后黎老师把数学卷子发下来,大家都急着看自己的卷子。突然,小莉的同桌小玲叫起来:"嘿,小莉得了一百分!"大家马上围到小莉面前,向她祝贺。小莉涨红了脸。

《考试前夜》:**桌上的试卷堆得像电梯房一样高。**窗外是死气沉沉的灰色天空,加上寂静无声的小区,偶尔一阵风刮过,树叶乱舞的沙沙声显得十分刺耳,让人心烦意乱。

抓住了印象最深的一句话、一个场景来开头,引起读者猜测和了解的兴趣。举一反三,类似的方式还可以是印象最深的一个动作、一个表情……当一篇作文不知如何下笔时,请想想印象最深的是什么。

(2) 最有感悟。

《珍惜》:人啊,没有失去过,也许就不会明白现在拥有的一切,是多么值得珍惜!这次出走的经历,女孩终于领悟了。

《劳动最有滋味》:劳动是最有滋味的事,肯劳动,连过年都更有滋味,更有乐趣。

写自己有亲身体会的事,不妨开篇就和读者分享一下你的体会或感悟。

(3) 最想不到。

《小懒王变了》:最近几天,我们班的小懒王刘非突然变了。**每天不仅自己从头到脚收拾得干干净净,而且提前到校把教室桌椅擦得一尘不染,甚至课间活动发现地上有纸片也要捡起来。**小懒王怎么变了呢?

《种子的力》:有这样一个故事。有人问世界上什么东西的力最大。答案多得很,有的说是象,有的说是狮子,有人开玩笑说是金刚。金刚有多大力气,当然大家都不知道。结果这些答案都不对。**世界上力气最大的是植物的种子**,一颗种子可能发出来的力,简直超越一切。

让你想不到的,也许读者也想不到,把问题提出来,一定能让作文更有悬念,更吸引人。不过,不要提一些低级问题哦。

印象最深——语言描写、环境描写

印象深刻的事,肯定主人公的一言一行以及当时的情境都记得清清楚楚,不妨把它写下来。

3. 学习范文《我猜出了孩子的心思》。

我猜出了孩子的心思

这几天,老公因出差一直在外地,自然和孩子也没办法见面了。孩子虽然很贪玩,但在心里一定是很想念她爸爸的。因为每天去园里接她,她都会问:"今天爸爸回来不回来?"(从印象最深的地方写起,以孩子的一句话开头。)

前天的下午,我照例去接她,她又问了同样的一句话,当然我的回答也如同前一天一样的。孩子虽然很失望,但很快别的想法取代了这一情绪,说:"妈妈,我想吃'美好时光海苔',你给我买吧!"通常我是会答应她这样的要求的,但是这天很不巧,由于下班早,把包放家里了,所以没带钱。就委婉地对她说:"妈妈今天没带钱,明天爸爸回来,让爸爸给你买好吗?""但是爸爸不知道怎么办?"孩子又发出了疑问。"那我们回去给爸爸打电话好吗?"我帮着她找出解决问题的办法。(孩子为什么总问这句话?可以从前天下午的事去找原因。读者下一步关心什么,作者就写什么。)

然后,我们回到家就给她爸爸打了电话,并且得到了爸爸的承诺。孩子的一天又圆满地画上了一个句号。

第二天，又到了该接的时候了，接到孩子后，孩子问了一句："爸爸回来了吗？"我说："还没有，可能过会就回来了吧！"

在家里，我忙着做家务，孩子自己在看电视，一直到忙完了，也吃完了，准备给孩子洗洗睡觉的时候，孩子无精打采地说："爸爸怎么还不回来，我想等爸爸回来！"我心里被她这句话感动着，但转念一想，以前她可没这么急切地想爸爸呀。（是呀，孩子怎么突然让"我"那么感动？）

突然间，我又想到了昨天的那个承诺，然后我就对孩子说："宝贝，让妈妈猜猜你现在在想什么好吗"？（"我"要猜的，也是读者在猜的。）

听我这么一说，她一下子睁大了眼睛，来了兴致，说："我想什么？""那你去把你的小尿桶拿来，我就猜猜你想什么！"我接着说道。孩子笑着把尿桶拿来然后问我说："什么？你说吧。"显然她对我的这种形式很感兴趣，她仰着脸，好像在问："我心里的想法妈妈怎么知道？"我故作神秘地说："你在想——爸爸给我买美好时光海苔了没有？"

她一听我这么说，扭动着身子，不好意思地笑了，说："妈妈你怎么知道的呀！""因为妈妈聪明嘛"！我得意地说。（被看破后的尴尬。）

从孩子那崇拜的眼神中，我知道孩子一定会为有这个妈妈而感到幸福和骄傲的。然后我们互相道了晚安后，甜甜地进入了梦乡，共同期待着明天那个承诺会兑现。（抓住读者心理，逐步揭开秘密。）

学生习作

习作一：

今天没作业

胡钰璨

今天没作业，老师"大赦天下"。全班的同学都欢呼起来，笑着叫着，而男生们更是鬼哭狼嚎一般，似是"喜极而疯"。

今天没作业，没的是什么作业呢？身体上的作业。耳朵一接收到没作业的消息，大脑就即刻开始对家有了无尽的思念——思念家里的电视、电脑、手机……放学后，迫不及待地赶回家，奔到客厅或房间，打开电视或电脑，迅速点开喜欢的节目或是爱玩的游戏或是爱看的小说，瘫在软软的沙发上或是坐在舒适的座椅上放松学习的疲倦［放松疲倦的身心］，愉快轻松的一天就是如此简单。还可以叫上几个好朋友一起玩，共同分享没有作业的轻松愉快，一切都仿佛在梦境之中一般。

但是，今天没作业，却又有着"作业"。

今天有"作业"，有的是什么作业呢？精神上的作业。当打开了电视、电脑时，父母总会来到身边："没作业？""嗯！""所以你就打算玩咯？"我自是知道这话究竟是什么意思的——看着父母脸上的神色，仿佛听见他们口中在说："就知道玩，不知道读书复习吗？""我……只是……""只是什么？没有作业，不会好好复习吗？你在学习的时候别人也在学习，你不在学习的时候……""哦……嗯……"我似乎从头上浇了一盆冷水般，但是，又有什么办法呢？随便拿出一本书或练习册，翻开来看已经看过了千百遍的字或是题目。

就这样一直到了晚上8、9点，父母看到我如此"勤奋"，便也心情高兴起来："嗯，可以，去玩吧！"还拍了拍我的肩膀。无聊登上了QQ，看到班群里面一群人正聊得火热朝天，聊游戏，聊电视剧……我却没有之前的兴奋劲了，觉得索然无味，瞎看了一会儿便早早地上了床上睡觉。

今天没作业，在没有家庭作业这个包袱的时候，何时才能把这精神上的包袱一并卸下，真正的没"作业"呢？

老师点评：偶尔没作业，本该是多么寻常的一件事，然而在现实生活中，却是多么不寻常：能使同学们"喜极而疯"，能使"我"如入梦境，能使父母如临大敌，直至最后"我"觉得"索然无味"……就是这么一次作业问题，竟然打开了丰富的"表情包"，牵动了这多敏感的神经——小作者真是生活的有心人，一次作业问题，引人深思。

习作二：

公交车上的见闻

张日新

"哈，终于来了辆公交车，要是再晚些没准就迟到了！"我忐忑不安地看了看手表，然后立刻朝公交车奔去。谁知，车门早就被一群老年人围住，只见他们挪动着庞大的身躯，不紧不慢地往车门处摇啊摇。我不好意思从他们身旁硬挤进去，只能等到最后才上车，谁让他们是老年人呢？（老人的样子给作者留下的印象最深，作文就从这里写起。）

终于进入车内，可是，别说座位了，连站的位置都少之又少。座位上的几乎都是些老人，见我们上来了，他们竟自言自语："唉，现在的小学生真多！"我听后也没说什么，但其实心里感到愤愤不平：老人又不用天天上班、上学，为什么每天非得和我们同一时间上车？再说了，凭什么说小学生人多？你们的人数至少是我们的四倍呢！（"我"没怪他们，他们竟然怪起"我"来了。抓住"最想不到的"来写。）

就这样，我拉着车上的拉环，一路上耳朵里都不断地灌进来老人大声说话的声音："你家孙子上几年级了？""你知道哪里买菜便宜吗？""听说房价又涨了哦，冤枉！"这么旁若无人、大声聊天的多数是老太太，她们也不会觉得不好意思，仿佛这车是专门为她一个人而开的，想说什么，就说什么！（继续关注老人，抓住了给人印象最深的语言。）

时间一分一秒地过去，车里渐渐闷热起来，我浑身都浸满了汗水，那些座位上的老人却怡然自得，丝毫没顾及我们的感受，连打开车窗透气的举动都没有。我呢？也只好默默忍受，等待下车。

"叮咚……华侨城广场到了！"车内广播提醒道。"喂！司机我要下车！"一位老人突然高声喊道。车子立刻刹住了，我顿时被这突如其来的力量晃倒，险些撞在柱子上。那老人却不慌不忙地挪到车门处，走下车去。我心想：您不可以早点告诉司机吗？紧急刹车是非常危险的啊！（这里用到了前一讲的方法：在作文中当法官。）

这就是公交车上的见闻，很"充实"，也很"丰富"。哪天起，这段路程会变得简单而宁静呢？我想，我改变不了别人，但我可以从自己做起。（一件平常的事，呈现了不平常的场面。哪天才能让搭乘公交车这件事变得真正平常呢？引人思考。）

教学杂谈　学习写作的路上，允许"你评你的，我写我的"

《公交车上的见闻》是小学六年级的同学写的。这是一次现场限时作文，参加者小到四年级，大到六年级。挑选出来的作文多数都体现了真、善、美，有真实场景和感受，有真诚善良的愿望，有纯洁美好的心灵。唯独这一篇引起了争议，也就是说，同样一篇作文，在不同评委手下，会有不同的命运。

评委1：是个印象派评委，认为本文卷面美观，句子通顺，肯定在班上是个好学生，写出的作文差不了。

评委2：也是个印象派评委，认为本文一开头就不好，"挪动着庞大的身躯"，好孩子能这么评价爷爷奶奶吗？

评委3：是个主观主义者，认为本文好，敢于说大实话，老人的不自律，确实让孩子承受了太多。

评委4：也是个主观主义者，认为本文不好，不管爷爷奶奶的行为是不是让你感到不快，也不应该在作文中这么写，这不是与传统美德完全背离吗？

同一件事物，面临不同的评委时有不同的命运。这种情况不只是比赛场上有，平常作文也有。同一篇作文，交给这个老师得到了表扬，来年换个老师可能就成了批判的对象。这种情况不仅让学生不知所措，家长也一筹莫展。有个家长跟我说，孩子写了一篇作文，她敢保证，孩子写的是完全真实的，因为是她和孩子共同经历的真实事件。作文写在超市排队结账时，有一个伯伯插队，后面有个阿姨不满，嘀咕了一句，伯伯立马"双手叉腰，一副凶神恶煞的样子"，还振振有词："谁家没点急事？"接着，小作者对这件事谈了自己的看法，认为有急事也应和别人商量，不能如此霸道。最后，"我看着坏伯伯大摇大摆地离去，心里很不是滋味"。家长认为孩子很有是非观念，对孩子的这篇作文很满意，以为会得高分。可结果呢，老师自以为是地将孩子的结尾全改了：

　　我忍不住冲上去跟伯伯讲道理："伯伯，您这样是不对的，不仅影响了排队秩序，也对您的孩子起了很坏的示范作用，请您重新排队。"伯伯听了很羞愧，立刻重新去排队了。今天我很开心，因为我敢于和坏人坏事作斗争了。

　　原本一篇既真实又有思想的作文，硬生生被这个老师改成了一篇脱离生活的虚假的作文。可怕的是，这种模板式的作文在学校绝不是个例！就像上一讲里的病文《同桌，这次我真的错了》一样：误解同桌，发现真相，准备道歉，永远不会原谅我了（最后一处估计想套用"同桌转学了"这一情节）。如此写作，到底是想培养什么样的人呢？让学生不要用自己的眼睛观察、不要用自己的大脑思考？难怪家长要愤愤不平了。

　　学生在作文中反映不良现象，这是允许的，从思想格调来说，批判假恶丑，就是弘扬真善美。如果野蛮地阻止学生去观察和思考，这实际上是在教学生从小学会迎合，学做"两面人"，学生能怎么办呢？因为"生杀予夺"的权力（给分数）在老师手中。

　　面对家长的困惑，我谈了我的做法。孩子上小学时，有一篇作文的开头特别有个性，能迅速抓住眼球、触动心灵，结果老师硬要将它改成模板式的开头。对这件事，我是这样跟孩子说的："我们家买回来两种花，我喜欢这种，你妈妈喜欢另一种。其实作文也一样，你的老师喜欢她改成的那样，而我还是喜欢你原来写的。我们喜欢的，和别人喜欢的，没办法永远一致，下次你遇上另一个老师，可能又喜欢你这样的开头了。如果你现在的老师允许你这么写，你就继续这么写；如果不允许，你就在日记本中继续这么写。她可以评她的，我们可以写我们的。就像我们家的两盆花，我将我喜欢的放书架上了，你妈妈将她喜欢的就放在橱柜上了。"

　　学生处在学习阶段，作为老师和家长，我们不一定能帮助他们成长，但我们可以不阻碍他们成长。如果还能多给他们一些成长空间，那就算是好老师、好家长了。

第十一讲　学习分镜头写作

将无字之书（生活）转变成有字的生活（作文），离不开剪裁的功夫。生活呈现的是完整的时空，而作文是其中部分精彩瞬间的组合。写作，就好比摄影师取镜头，要围绕一个话题，从无边的生活中去截取有限的部分。动笔前，不妨将你想选取的镜头列出来，然后分析哪些和话题有关，哪些和话题无关，再选取关系紧密的部分写下来。这种方法对于写好多个人物或事件，会很有帮助。

教学过程

第一节：

1. 围绕一个话题写关键词句。
2. 理清分镜头和话题的关系。
3. 扩展分镜头。

第二节：

4. 写作任务。

教学内容

1. 学习如何围绕一个话题提炼多个关键词句。

示例：

话题：电影。

关键词：回忆中的电影、观后感、约女生看电影、今日的电影院。

2. 理清分镜头和话题的关系。

四个关键词句，相当于四个分镜头，均和"电影"有关，组合在一起，就是对影院和看电影事件的相对完整的描写和叙述。开头写回忆，结尾写回到现实，首尾呼应。一篇以《电影院》为题的作文，就构思好了。

3. 扩展分镜头。领悟：这一组镜头组合在一起，简单加上几句过渡句，是不是就是一篇以《电影院》为题的优秀作文？

《回忆中的电影场景》：学校每个学期组织去看一次电影。这样我就理直气壮地向家里要钱，买足零食，头抬得很高。零食多的男生往往更受女同学喜欢。可惜的是每次都看抗战片。其中有三个场景让我印象深刻：一是龟田小队长屁颠屁颠地在田埂上追小兵张嘎，这让我想起了牛角仙他爸在巷口追着他打，他爸的胡子跟龟田小队长的一个样；二是国民党打到最后撑不住了，肥头大耳的司令员在电话里大叫："顶住，顶住，妈拉个巴子！"我特喜欢"妈拉个巴子"，骂得爽快；三是冲锋时集结号号手被机枪扫得手舞足蹈，在地上做"单臂俯卧撑"，拖沓缠绵，就是不肯死。

《观后感》：看完影片后每个人都要写观后感。一次就《我的战友邱少云》写观后感。我由于写到最后百感交集，各路英雄豪杰涌上心头，结果就犯了常识性错误，我写道：邱少云舍身炸碉堡的故事多么感人啊！他真是我们的好榜样……结果那篇作文被我们老师当反面教材高声诵读，引得全班哄堂大笑。我眼角的余光瞥到坐在第四组第二位的我暗恋了四年的女生，她也笑了。从那以后我就不暗恋她了。读高中时忽然想起这一幕，觉得同学们的集体哄笑用"千树万树梨花开"来形容最合适不过。

《约女生看电影》：不久班上转来一位姓龙的女生。姓龙的女生叫龙羽。头发卷卷的，皮肤白皙。她说话时眼中笑意涟涟。她美得倾校倾班，我在偌大的小学校园里还没见过如此漂亮的女生。我觉得这么漂亮的女生一定不放屁。我对零食、弹珠通通失掉了兴趣，就想接近她，多看看她的眼睛，和她说说话。

那天我跟龙羽一块扫地，我偷偷摸摸地递给她一张字条。我写道：龙羽，星期五晚上有电影看，外国片，外国人头发是金黄色的，很好看。我请你去看电影吧。不过千万别让你爸妈知道。

第二天她递给我一张字条，道：好的。她的字很好看。从得到她的回复到看电影的那几天，我怎么看怎么觉得我比班上其余二十九名男生要帅。

星期五，吃完晚饭。我妈收拾好碗筷说"我打牌去了"。我在厕所洗澡，正往脚趾缝里涂肥皂，说"你去吧"。说完又用肥皂在脸上抹，洗了两次。

跑到牛角仙家借摩丝时，他正乖乖在家看书。他拿了一个红色钢瓶在我手上按了两下，一团白沫，说："只剩这么点啦。我爸在家。"

《今日的电影院》：我到小铁窗口买票，却发现铁窗紧闭，没人说话。再到大厅看，空空如也，没人排队，没人检票。旁边一个扫地老头告诉我，电影院近几年亏得厉害，早就不营业了。每天放着同一部电影，不收费，进出自由。

老头像是被谁摆在这儿的。

进门时看了看入口处的长椅，长椅上的红漆被磨压出了屁股形状，露出原木色。我当时很想看到检票的大妈，然后跟她说，"得，大妈，这是我的票，您看好"。低头却发现自己两手空空。

坐在最后一排，我两侧是长长的空着的座位，但它们似乎更像是忠实的观众。影院内黑暗、空荡、阴森。头顶的淡白光柱，由窄变宽，有灰尘在光柱中游动。

4. 写作任务：请为自己的小学时代提炼几个关键词句，有几个关键词句，就准备几个分镜头，最后组合成一篇完整的作文。

学生讨论的关键词句：欢乐、挫败、勇气；体育、象棋、作文；想跟女生坐，生活多姿多彩，有意义的事……

提示：设计关键词句时，要讲究同一范畴。比如"欢乐、挫败、勇气"是体验范畴；"体育、象棋、作文"是爱好范畴；"想跟女生坐，生活多姿多彩，有意义的事"是经历范畴。

学生习作

习作一：

我的小学时代

邱一煜

我的小学时代，有过欢乐，有过挫败，也有过挑战自己、超越自己的勇气……这些都是我成长的印记，值得我去珍存。

（一）欢乐

记得我三年级的时候，一天，老师笑容满面地走进教室。我见了，心里想：嗯，怎么老师今天心情这么好了？难不成有什么喜事？老师说："今天咱们不上课，下楼玩'老鹰抓小鸡'去！"我们听了，心里既开心又奇怪：为什么老师突然这么好了？

我们飞快地整好队，下到了操场。选出小林同学当老鹰，小张同学当老母鸡，我们36个同学是一群小鸡。游戏开始了，"老鹰"同学左跑右跳，却没有捉到一只"小鸡"同学。然后，"老鹰"同学看"老母鸡"不注意，一个声东击西，成功摆脱"老母鸡"抓到了小鹏同学，接着又用空城计成功抓到了我。"老母鸡"同学见他一下子少了两个"孩子"，就加大了防守力量，"老鹰"同学见了，就对"老母鸡"来了个黑虎掏心，结果"老母鸡"同学一闪，闪开了，于是"老鹰"同学就把手一转，来了个黑熊掏鸡，成功地把小黄同学给"掏"走了……

最后，这个游戏在我们的欢声笑语中结束了。直至今日，这次游戏犹在脑海，这种欢乐，这些笑语［脸］，我想以后再也见不到了。

（二）挫败

记得两年前的那场运动会，运动会上春光明媚，四、五年级的同学们都聚集在运动场上，进行着校运会。因为我速度快、耐力好，所以我报名参加了男子 800 米跑步比赛。

在比赛前，我还特地去运动场上训练。到了运动会那天，我早早地拉开了筋骨，做完了准备活动，然后坐在椅子上，养精蓄锐，准备着待会儿的跑步比赛。我左等右等，终于等来了我期盼已久的跑步比赛。我站在我的 3 号跑道上，做着深呼吸，随着发令员老师的一声令下，我们全部参赛队员都做好了起跑姿势。只见发令员老师把发令枪举起，准备发令，他刚扣动扣板，发令枪却没有响，原来老师发了哑弹。发令员老师又上了一发、两发、三发……却仍然没有响，最后，老师只好拿哨子来发令。随着发令员老师的一声哨响，我们个个争先恐后地飞奔而去。当我跑到第一圈的一半时，因为被发令员老师换发令弹时的情景逗笑，笑到肚子抽筋，所以处在第五名的位子；到第二圈的时候，因为前几天下雨路滑，一位（1）班的同学因为不小心"行车"，跑到观众群里去了，惹得同学们哈哈大笑；跑到第三圈时（学校的是 200 米一圈的跑道），我暗暗地开始发力了，刚超越到第三名的位置时，我前面的一位同学坚持不住，突然整个身子瘫了下去，躺在跑道上，我为了不被绊倒，就轻轻一跃，跳了过去，结果我身后的同学来不及躲避被绊倒了；跑到第四圈的时候，场上只剩下五名参赛队员了，我也毫不费力地跑到了第一的位置，我回头看了看其他人，见他们都跑得很慢，于是我放慢了脚步。结果，一位跟在我身后的同学最后时刻像一阵风一样，突然发力越过我飞奔到了终点，夺得了第一，而我呢，只得了第二名。这次比赛对我来说真是一次挫败呀！

赛后我十分地后悔：埋怨自己当初为什么不早点发力，而要放慢速度。不过我也明白了，做任何事情不到最后一刻不能轻易放松，才能取得最后的胜利。

（三）勇气

我家附近有个运动场，平时我常和爸爸妈妈一起去那里跑步、玩沙子……

记得我三年级的时候,那天下午,我做完作业后和妈妈一起去运动场运动。妈妈刚到运动场边上,开始做着准备活动时,就被她的几个学生拉去跑步了。于是,我只好自己一个人在沙池里玩起了沙子,那块沙池上有很多体操架和三个爬梯。我坐在爬梯旁边,一边看着大哥哥大姐姐们在跑道上跑步,一边堆沙丘玩。突然,两个大哥哥向这边奔来,一放手,把书包扔在沙池边上,冲到爬梯上,腿一蹬,手一拉,一下子就爬到了梯顶。看着那两个大哥哥坐在爬梯顶上眺望远方的美景时,我也不禁跃跃欲试了起来。因为我有自知之明,知道我自己力量不足,所以我选择了第一个最矮的、木制的爬梯,我学着那两个大哥哥的样子,给自己鼓了鼓气,然后就一蹦一拉,就站在第一个横梁上了,接着,我又奋力爬了几下,终于爬到了木制爬梯的顶端,当我眺望远处的山峰时,不禁赞叹道:"好美呀!"于是我又想:既然在最矮的爬梯顶端都看得见这么美的景色,那在最高的爬梯上看到的美景不就更美吗?

　　我在爬梯上,想象着我如何飞快地爬上最高的爬梯。想着想着,我突然想起我还没有行动,于是我就飞快地下来,跑到最高的爬梯旁,准备着再一轮地"作死"。当我站在这个铁爬梯前伸出手准备往上爬时,一切就变了样子——这座爬梯冰凉冰凉的,寒气逼人,真是"梦想很丰满,现实很骨感"呀!当我站在第一个横杠上时,感觉脚底被谁抹了润滑油,站也站不稳,当我再次鼓起勇气往上爬时,意外发生了:我脚没站稳,从爬梯上摔了下来。当我坐在沙地边向上望着爬梯时,心里冒出了一丝丝恐惧,但又看见其他大哥哥像一只只猴子般在爬梯上爬上爬下,我又情不自禁地想再试一试。然而,现实和想象是两回事,我刚站在梯子上,双脚又发抖了,立马失去了勇气。当我站在爬梯上正犹豫到底还要不要爬时,有一句话突然出现在我脑海中:"勇气是打败困难的关键,没有勇气,哪来的成功?"是呀!如果我连勇气都没有,那哪里有成功!想到这,我的勇气又恢复了,于是,我又给自己鼓了鼓气,就又开始爬爬梯了。

　　最后,在我的不断自我鼓励和坚持下,我终于成功地爬上了爬梯的顶端,望着四周的美景,我感觉心旷神怡!

　　这就是我的小学时代的一些片段,我们的小学时代值得我们永远去怀念!

点评：一煜同学的作文真正写出了真体验、真感受。这篇习作不是以选材取胜，甚至可以说所记之事太寻常，但他能把一件寻常的事写得妙趣横生。比如他写男子 800 米跑步比赛，共跑了四圈，每一圈都写得那么有意思，第一圈自己笑到肚子抽筋，第二圈有人滑到了观众群里，第三圈有人倒下，最后一圈写自己因放松警惕而将第一名拱手让给了他人。不做生活的有心人，哪能写出这样让人身临其境的文字来？又比如他写想爬上最高的爬梯，将那种既恐惧又想逞强的心理描摹得淋漓尽致。心中想到的是高处所见的美景，而脚下却"寒气逼人"，像"抹了润滑油"，这种体验让他认识到了理想与现实的差距。看完此文，我们仿佛共同见证了这个天真无邪的孩子逐步有了自我意识的过程——这就是成长。这三个寻常的生活片段，也代表了作者小学时代的成长轨迹。

习作二：

我的小学时代

张嘉宁

"黑板上老师的粉笔还在拼命叽叽喳喳写个不停。等待着下课，等待着放学，等待着游戏的童年……"我的小学时代充满着欢乐，充满着渴望，充满着自豪，也充满着力量。

一、快乐上体育，快乐做学霸

我最快乐的时光在一、二年级，最快乐的事是每天体育课和同学们一起玩耍。那时的体育老师姓曹，长得高大，声音粗哑，戴一副金丝框眼镜，十分喜欢和我们开玩笑，讲的话也十分风趣，因此我们十分喜欢他。他还给同学们起外号，只要他一叫到我们便哈哈大笑起来。

曹老师在自由活动时，会拿出几个糖来炫耀，我们一看到马上飞奔过去抢。这时，曹老师就把手举得高高的，害得我们看得到却拿不到。有些聪明的同学想出了一个办法，偷偷溜到曹老师背后，往他身上挠痒痒，曹老师把手松了下来，糖掉了下来，落在几个同学手上。拿到糖的立刻消失了，没有拿到糖的继续拽着老师不放。我们还给曹老师起了个外号叫曹操。

体育课的时光是快乐的，但自从换体育老师后，我们快乐的场景一直没出现过。现在的体育老师排完队,我们解散后,他就回办公室吹空调抽烟去了,还说出于我们的安全考虑,禁止我们进行任何体育运动,走一走,跑一跑就好,上次我带足球去踢还被骂了一顿。我说,老师你自己五十多岁的人才说走一走,有病的人才说走一走,我们如果上体育课只是走一走,那不也成老人、病人了吗?上体育课不就是玩耍么?现在每次上体育课时脑海里都浮现出当时的场面,真希望我们现在的体育老师能负责任一些。

学习考高分,当学霸也同样快乐。低年级的试卷相对简单一些,因此考一百分也等同信手拈来。重要的是我每得到一次一百分,奶奶都会奖励我十元,因此我每次都更想考满分了。每当老师宣布我一百分时,我的心里都像吃了蜜一样甜,假若没有一百分,心里一片失望,但也并不灰心,心中也会十分坚定,希望下次能考到一百分。考高分,也让我更加爱上了学习。

老师也开始慢慢重视我了,我一直担任班干部,而且越当越大,从一开始当组长到副班长到多职同当。更让我高兴的是我和同学们相处得十分融洽。同学们都愿意和我玩。

低年级是快乐的,课本简单,作业也少。可是时光一去不复返,现在已经是五年级了,真想穿越时空再体验一把上一、二年级的滋味。

二、攀登象棋的高峰

我自小下象棋似乎有天赋,爷爷随便一教,我马上就会。自从我喜欢上了象棋,每天在家里和爷爷下十盘也不怕累。学棋经历,不像乘电梯一样快,就像攀爬高山,一步一步地、苦心地攀岩,但是我乐在其中,每一次进步,我都会有自豪感。

前年我参加了谁是棋王的象棋争霸赛,获得了第四名。尽管这是个好名次,但我和爸爸妈妈觉得我能下得更好,便想找个教练来指导我下棋。偶然的机会,我在归读公园逢甲书屋下棋,一位旁观的大人对我说:"小朋友棋下的[得]不错啊,要不我介绍一位教练来教你下棋吧?""好啊!"这位老师就是梅江区最厉害的棋手,张亮教练。

从那以后每周日下午我都去张亮教练的工作室,他对我进行一对一的指导。不论寒冬还是酷暑,不论有多么枯燥,我都坚持去上课。他教我开局残局,还亲自演示一遍，每次我都一听就懂就会，棋力提升了一个档次。张教练还让我参加一些擂台赛，和小棋手大棋手甚至老棋手过招，每次下赢他们我都有一种自豪感和成就感。后来我这个班又多了一位同学，这位同学虽然年纪比我大，但他下棋下不过我。我可以和他一起玩，这样我在学习过程中又有了一种乐趣。以前我怎么都战胜不了的爷爷，现在也不是我的对手，每次战胜爷爷他都会感叹："还是教练教的［得］好，爷爷也下不过你了。""那当然。"

随着年龄的增长，棋功的长进，比赛的日子也到了。去年10月，我以全校第一的身份参加了梅江区校园象棋赛，六胜一负获得第三，完成了自我超越。其中对阵以前交过手的房子轩这盘，让我印象深刻。我们都是张教练的学生，实力也不相上下，因此我们都全身心投入到比赛中去。我们的棋子互相厮杀。开局房子轩大举压上，我费了好长时间才得以解脱。后来我慢慢占得优势。但时间已消耗尽。我遗憾告负。比赛完了，房子轩走过来安慰我。真可谓场上是对手，场下是朋友。

我热爱下棋。我要继续攀爬象棋的高峰。将张亮教练教的知识掌握消化，熟练运用，争取再次提升自己的实力。

三、在学习作文的日子里

"今天我们来做个游戏，谁愿意上来？""我，我，我……""我们来读一读孔子的名言……""下面唱歌，喊口号，我快乐因为表达真自我……"

读到这里你可能会想，又唱又玩，又读又写的，是唱歌班？补习班？还是派对？都不对，这就是我们的作文课。你看多有趣啊！

老师讲得最多的，是"真"。所谓真，就是写真人真事，真实场景，真实心情。竟连老师出丑这一类的文章都可以写。这下好了，只要是真，都可以写出来，放屁问题，尿床问题，排队问题，共享单车问题……这类作文多了起来。有的作文过去在老师的眼里可能会是一张废纸，如今那可是一块金元宝。对啊，写作文你编很多的假话，内容一定会十分寡淡，而你把生活中一些真实的小事写进作文，可能就会是一篇佳作了。

"具体"一词也是老师再三强调的，你能把一个老人缓慢地走过写成一段长长的生动语言，那你对"具体"是理解的［得］十分透彻的。要写具体，就要从人物的特点入手，夸大他的动作神态。你把一秒钟的事，写得好像一个世纪那么长，那么老师会二话不说给你个大大的赞。我还经常抢交作文得了许多印花，这真是莫大的鼓舞。

除了写作，老师还给我们普及一些国学知识，孔子讲的做人道理、经典语录，还有文言文，听起来这么寡淡的事，老师教得如此鲜活，让我们听得如痴如醉，仿佛穿越了时空。《呼兰河传》里，作者童年的所见所闻，在老师的耐心解读下，一切都好像就在身边，我恨不得帮帮那时迷信的人们。

我爱上了写作文。老师，没有你就没有我学习作文的奇妙之旅，我希望以后继续快乐下去！

体育、象棋、作文，构成了我快乐而有意义的小学时代。

点评：张嘉宁同学的习作有很强的逻辑性，他的大脑是一台优质的过滤器，他善于筛选、综合、概括，能从整个小学阶段纷繁杂乱的生活中选取体育、象棋和作文三个关键词，又能从每个关键词中寻找出亮色。比如作文学习，有着丰富的经历和驳杂的知识点，而他也能提炼出精髓：快乐、真实和具体（形象）。读完全文，一个调皮、爱思考、有上进心的小学生形象活脱脱地浮现在我们眼前。

反思当下的作文教学，和小作者描绘的情形很不一样，大多是急功近利的。他们给孩子一些思维模式，急于让孩子"制作"出一篇好作文来，急于得到孩子和家长的认可，这种模式的结果是，孩子可能搭出了好看的积木或者拼出了好看的塑料花，但没有根，没有土壤，注定没有生命力，孩子离开老师后未必还会想去表达，更别说去创作（区别于模仿）。而我想要的结果是让孩子们爱生活，爱阅读，爱表达，给他们土壤和养料，让他们成为小苗或小花，虽然一时不引人注目，但他们有了生命力，就会在离开老师以后，依然迎着阳光生长，生长，生长……

从嘉宁同学的作文中，我看到了孩子们该有的样子，以及学习该有的样子。

习作三：

我的小学时代

段苏真

如今，我已经小学毕业了，再返母校领通知书时，心中充满了不舍。拿到通知书走出校门，我停住了脚步，回头望着校门上的几个烫金大字——"龙坪小学"，思绪不知不觉间回到了还是小屁孩的一年级新生入学时的情景……

有个男孩，他大胆地说出**想跟女生坐**！

那天，我背着粉色的上面印有白雪公主图案的小书包走进学校，看着周围一张张陌生的脸庞，心中充满了紧张和担忧，还夹杂着一点兴奋。当我迈进教室，看到了三五成群的小朋友在一起叽叽喳喳地聊天，或者在为一件事争得满脸通红，也有的小朋友很害羞，不敢与其他小朋友接触，安静地坐在座位上……就在这时，老师进来了，看到教室像菜市场一样，生气地说："赶快安静下来，你们都是小学生了，要有点小学生的样子。""老师，我们等会儿干什么？玩游戏吗？"一位胖乎乎的小男孩站起来说。"不玩游戏！等下安排位置，然后上课。"老师说。老师安排完座位立马就有小朋友起来反映。"老师，我不要跟男生坐。"一位女生说。"我也不要。"接着又有其他人说。只有一位男生说："我想跟那个女生坐。"说完他用手指指了指身穿粉色公主裙的女生，老师好奇地问那位男生："为什么？""因为她很漂亮，我喜欢她。"男生满脸认真地说。他说完，我们都哄堂大笑，就连老师也忍俊不禁。当然了，最后没如他愿。回想起来，感觉那时的我们真幼稚啊。这样的童言稚语，估计我们一辈子都再也听不到了。

小学生活是**多姿多彩**的。

记得四年级的一个周五，轮到我和小张、小徐，还有小胡一起打扫女厕所。一放学，我们迅速跑到厕所，分工明确，我负责倒水，小张负责打扫，小胡和小徐负责用抹布擦墙壁，我们都干得很卖力，配合得也很默契。当我们扫完时，我用手擦了一把头上的汗，小胡突然朝我泼水，把我吓一跳，我也朝她泼水，随后小张和小徐也加入打水仗的行列当中，互相泼了起来。我灵机一动，趁她们正打得激烈、没注意我时，迅速躲进了厕所的隔间，心想：哈哈，还是我聪明，利用地形，想到躲在隔间里，这隔间就是我的堡垒！还是小张最先反应过来，问："咦，小段怎么不见了？"接着，她们像是反应过来了什么一样，一个隔间一个隔间地检查，快到我这个隔间的时候，我本来是想蹦起来吓她们一下，但我突然瞟到身后有一个水桶，里面装了半桶水，嘿嘿，知道该怎么做了。就当她们的脚步声渐渐逼近时，我突然跳起来，并且双手举着水桶，大声喊："surprise！""哗哗"的水声伴着她们的尖叫声，水洒在她们的面前，我耳朵都快要聋了，"啊，我的鞋子！""我的裤子！"她们在那尖叫地跑着，一阵慌乱过后，她们一起把矛头指向我，咬牙切齿地说："段苏真，你完蛋了！"我赶忙跑出去，边跑边赔着笑脸说："各位大姐，我不是故意的，饶了我吧！""怎么可能饶了你呢？"她们齐声说。然后把我堵到墙角里，带着邪恶的笑，一起凑上前挠我痒痒，我边笑边说："好痒，我错了，饶了我吧！"闹了一阵后，她们也累了，就说："段苏真，今天先算了，下星期一再找你算账吧。""啊，不要啊。"我哭丧着脸说道。现在想想感觉自己在"造孽"，早知就不泼不吓她们了，泼了她们不但没有好处，还被她们"揍"了一顿。但如果我不"造孽"，也不会有这么欢乐的事。

当然，除了造孽，我也干过些**有意义的事。**

我想起三年级时卖《青年作家报》的经历。那次我们的卖报地点选在院士广场，由几个家长组织班里的一些同学去体验和锻炼。现在还清楚地记得当时的紧张心情，心里总在想着：怎么办？等下该怎么跟顾客说呢？别人会不会嘲笑我？等下别人不理我怎么办？……看着站在一旁的父母，再想着之前他们教的一些卖报的方法，我壮着胆儿往前走，走到一座亭子前，看到亭子里一位父亲跷着二郎腿，边抽烟边看手机，而他的儿子就坐在一旁玩玩具。我犹豫着，不知是否该上前去推销报纸，心里有两个声音在斗争，一个声音说：算了，还是找下一个吧。一个声音说：不行，一定要上，如果连这点勇气都没有，还能干什么？再望望站在远处的父母，我鼓起勇气走上前，带着微微颤抖的声音说："叔叔，您好！我这儿有几份《青年作家报》，您看您需要买一份吗？很便宜，两元钱一份，还有就是我……"还没等我说完，叔叔就打断我说:"不用了,谢谢!""哦,好的,打扰了!"尽管我很伤心,但还是有礼貌地说了一句话,走出亭子,心里不免有点失落。唉,算了,还是再找其他人问问吧。我又开始寻找有可能买报的目标人物了。这时我看到一对母女,那位阿姨正在教小孩看书,我想:这位阿姨应该会买我的报纸。于是,我走上前,对阿姨说:"阿姨,您好!打扰您几分钟。"阿姨听我这么说,便停下自己的事,亲切地看着我,等着我说。见阿姨这样,我便放心地说:"阿姨,是这样,我是来卖报纸的,卖报得的钱全部捐给山区的小孩,您看您需要买一份吗?"说完,我递给阿姨一份报纸,阿姨看了一下说:"小朋友,你真棒!我支持你!我买3份报纸。"接过阿姨递来的6元钱,我连声说:"谢谢阿姨!阿姨您太好了!""不用谢。"阿姨说。阿姨说完就继续带孩子了。阿姨的支持给了我莫大的勇气,让我相信自己是在做一件非常有意义的事,后面卖得越来越好,我也越来越大胆!在此后组织的卖报活动中,我也做得越来越好,嗯,是的,任何事情都是从第一步开始的!

  光阴似箭,岁月如梭,转眼间我已小学毕业了,回首我的小学时代,它给了我太多美好的回忆。尤其是我的同学们,他们陪我一起玩,一起笑……有了他们,我的生活从此变得多姿多彩。走出校门,我转过身,心里说:感谢您,母校!是您让我有这么好的学习环境,是您让我有这么好的老师,是您让我交到这么多的好朋友。您是一个值得我用心去感谢的心灵之地!

  我的小学时代,一个美好的时代!

  点评:本文的小作者已经能将"真"字运用自如了。比如真实的场景:三五成群的小朋友在一起叽叽喳喳地聊天,或者在为一件事争得满脸通红;"哗哗"的水声伴着她们的尖叫声,水洒在她们的面前,"我"耳朵都快要聋了;亭子里一位父亲跷着二郎腿,边抽烟边看手机,而他的儿子就坐在一旁玩玩具……真实的心情:看着周围一张张陌生的脸庞,心中充满了紧张和担忧,还夹杂着一点兴奋;现在还清楚地记得当时的紧张心情,心里总在想着:怎么办?等下该怎么跟顾客说呢?别人会不会嘲笑"我"?等下别人不理"我"怎么办?……真实的感受和想法:这样的童言稚语,估计"我们"一辈子都再也听不到了;但如果"我"不"造孽",也不会有这么欢乐的事……

我们的作文课堂始终贯穿着一个"真"字。我们几乎不讲那些方法：如何去扩展，如何去运用修辞手法，如何开篇、过渡、结尾……用这些方法，的确也能使作文生动具体，但既枯燥又不科学，很容易教出生搬硬套、面目可憎的作文来。我们用一个"真"字，打开了生活与作文的通道，孩子们慢慢领悟到"生活即教育，社会即学校"，写出的好作文各有各的好。发了那么多同题作文，很难看到雷同的模式，因为每个人的生活和思维方式并不雷同。

教学杂谈　作文中的景情理

我们说写作文要多留意生活，这里的留意不只是"看"和"听"，还应包括感受——这个特别重要。作文是个性化的艺术，而感受就是最个性化的。不用管自己的感受别人是不是认同，作者写的是"我"的生活，"我"的感受，而且是"我"此刻的生活，"我"此刻的感受。如果硬是要写大家共同的感受，或者是"我"反复思考后的最客观理性的感受，这样的作文反而显得虚假了，也不会有感染力了。就像"近乡情更怯，不敢问来人"，这就是诗人在亲人音信全无的情况下回到家乡的那一刻的感受。如果诗人等多年以后，平静理性地想：害怕不害怕也得面对，为什么要害怕呢？他这么理性地看问题了，他就不是那个返乡的游子了，表达的也不是返乡游子最真实的心声了。

也就是说，面对同样的景，不同的人，应该写出不同的"情"和"理"，让"我"的作文区别于其他人的作文。同样，文章中如果有"你"和"他"，不同的人物也会有不同的情感和态度，而他们的情感和态度，和我们每一个读者的情感和态度，也是可以不同的。《呼兰河传》里有个王大姐，做了冯歪嘴子的女人。王大姐性格爽朗，干活卖力，理性地看，这是多好的姑娘呀！但当地人不这么认为，说她不像姑娘家，姑娘家哪有大说大讲的？干起活来怎么能够像个男子汉似的？总之是这样不好，那样不好。当地人的这种想法，是不是特别不合常理？是的，这跟"近乡情更怯"一样，都是不合常理的。其实，我们写某时、某地、某人的想法，而不是写所有人通常的想法，应该允许不合常理！

《庄子》有一句话："子非鱼，安知鱼之乐？"你不是鱼，怎么知道鱼是快乐的？你不是他，怎么知道他的感受？每一个人，在感情支配下，都可能做出不合常理的事。本来是好事，可能会认为是坏事；本来是恶劣的环境，却会认为是美景。也许呼兰河人觉得冯歪嘴子是不配娶妻生娃的，一旦他都娶妻生娃了，大家就活得一点优越感都没了，在这种嫉妒心理的支配下，王大姐的优点也都成了缺点。你看，这种不合常理，其实又是多么真实！

　　当然，我们不能为了写出不一样的作文，而故意来个"不合常理"。再不合常理的事，也还是符合基本逻辑的，比如由嫉妒而生诋毁之心，这就是合理的一面。因此，我们要特别注意，你写的理，应该是此情此景中的理。没有交代特别的情景，你就来个不合常理，那就不叫个性，而叫悖谬了。这就要求景、情、理做到基本的统一。为了弄懂这个问题，我给学生做过这样一道题：观察一棵小苗，然后完成连线题。

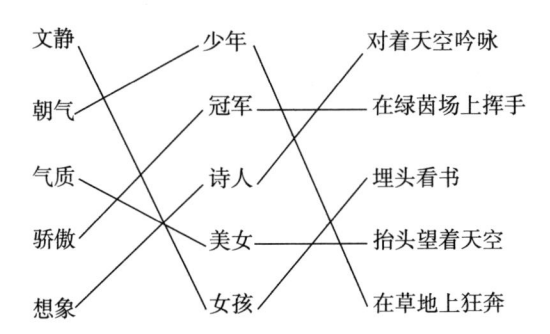

```
文静          少年           对着天空吟咏
朝气          冠军           在绿茵场上挥手
气质          诗人           埋头看书
骄傲          美女           抬头望着天空
想象          女孩           在草地上狂奔
```

　　这里的每一条线，都是基本逻辑。有人眼里，小苗是文静女孩在埋头看书；有人眼里，小苗更像冠军骄傲地在绿茵场挥手。不同的人，可以有不同的想象，这是合理的。你要是写"文静女孩在绿茵场挥手"，这就是悖谬了。

第十二讲　作文不拒绝矛盾

作文可不可以前后矛盾？答曰：完全可以！天气可以晴了又雨，神情可以哭了又笑，态度可以反对了又赞同了。

前后矛盾在什么情况下不允许，什么情况下允许？答曰：虚假的情况下不允许，真实的情况下允许。

世界永远不止一种色彩。刚才是湛蓝的天空，一会儿浓云聚集；你来的时候兴高采烈，走的时候垂头丧气；"我"依然是自己的主人，但真不知道下一秒是喜是悲……

因为我们生活在瞬息万变的世界，所以我们每一秒都跟着在变。要如实地写出世界的"变"，就不能拒绝矛盾。

教学过程

第一节：

1. 小游戏：颜色一样吗？
2. 阅读并思考：对长妈妈的态度是真实的吗？
3. 朗诵并思考：宋之问到底想不想家？

4. 回顾恶作剧，总结"矛盾"在作文中的作用。

第二节：

5. 写作任务：写出情感态度的变化。

教学内容

1. 小游戏：颜色一样吗？

上图中，A 和 B 两个方块你觉得颜色一样吗？

多数同学会觉得根本不一样，A 方块是黑色，B 方块是白色。事实上呢？请看下图。

将 A、B 两个方块截图，然后移到一起，再问同学们，两个方块颜色一样吗？同学们这时才发现，它们的颜色是一样的。

启发：同学们虽然前后看法不一样，但都讲了真话。同样的道理，我们作文中要写的人和事，也是变化着的，我们认识世界的过程，也是动态的。有时我们虽然讲了前后矛盾的话，但并不代表讲了假话。所以作文要写真话，就不能拒绝前后矛盾或自相矛盾的话。

2.《阿长与〈山海经〉》选文及思考题（内容同时见第三讲）

长妈妈，已经说过，是一个一向带领着我的女工……

……她生得黄胖而矮……

……**我实在不大佩服她**。最讨厌的是常喜欢切切察察，向人们低声絮说些什么事，还竖起第二个手指，在空中上下摇动，或者点着对手或自己的鼻尖。我的家里一有些小风波，不知怎的我总疑心和这"切切察察"有些关系。又不许我走动，拔一株草，翻一块石头，就说我顽皮，要告诉我的母亲去了。一到夏天，睡觉时她又伸开两脚两手，在床中间摆成一个"大"字，挤得我没有余地翻身，久睡在一角的席子上，又已经烤得那么热。推她呢，不动；叫她呢，也不闻。

……

但是她懂得许多规矩；这些规矩，也大概是我所不耐烦的……

……

……例如说人死了，不该说死掉，必须说"老掉了"；死了人，生了孩子的屋子里，不应该走进去；饭粒落在地上，必须拣起来，最好是吃下去；晒裤子用的竹竿底下，是万不可钻过去的……。此外，现在大抵忘却了，只有元旦的古怪仪式记得最清楚。总之：都是些烦琐之至，至今想起来还觉得非常麻烦的事情。

……

这种敬意，虽然也逐渐淡薄起来，但完全消失，大概是在知道她谋害了我的隐鼠之后。那时就极严重地诘问，而且当面叫她阿长。……

……

大概是太过于念念不忘了，连阿长也来问《山海经》是怎么一回事。这是我向来没有和她说过的，我知道她并非学者，说了也无益；但既然来问，也就都对她说了。

过了十多天，或者一个月罢，我还很记得，是她告假回家以后的四五天，她穿着新的蓝布衫回来了，一见面，就将一包书递给我，高兴地说道：

"哥儿，有画儿的'三哼经'，我给你买来了！"

我似乎遇着了一个霹雳，全体都震悚起来；赶紧去接过来，打开纸包，是四本小小的书，略略一翻，人面的兽，九头的蛇，……果然都在内。

这又使我发生新的敬意了，别人不肯做，或不能做的事，她却能够做成功。她确有伟大的神力。谋害隐鼠的怨恨，从此完全消灭了。

思考："我"对长妈妈的态度"前后矛盾"，是真实的吗？

答案示例：之前讨厌长妈妈，之后产生"新的敬意"，"我"的态度是前后矛盾的，也是真实的。讨厌长妈妈，是因为她形象不佳，喜欢学舌，睡姿难看，要求别人遵守许多规矩，还谋害了"我"的隐鼠。后来"发生新的敬意"，是她做了一件在"我"看来超出她能力范围的事，让"我"很开心。发生了新的情况，就会出现新的态度，这是合理的、真实的。

3. 宋之问《渡汉江》及思考题

渡汉江

唐·宋之问

岭外音书断，经冬复历春。

近乡情更怯，不敢问来人。

思考：本诗前两句写多年收不到家书，可见诗人想家心切，后两句又写离家越来越近，但不是喜悦，而是不安和畏怯。作者这么写，你觉得真实吗？

答案示例：真实。诗人被贬居在五岭之外，与家中的亲人中断了音信。挨过了冬天，又挨过春天这漫长的时间。家乡的亲人吉凶未卜，诗人随时都可能等来坏消息，所以越接近家乡，也越接近不祥的预兆。诗人的心理是矛盾的，不能回家时盼望回家，快回到家时更多的又是害怕。这一切，乍看不合常理，细想又符合情感逻辑，这是真实境遇下真实心情的写照。

4. 回顾恶作剧，总结"矛盾"在作文中的作用

之前同学们玩过"恶作剧"。有的同学在恶作剧之前说假如被人捉弄，他会撕那个人的书，这是真实的；后来并没有撕他人的书，只一笑了之，这也是真实的。有许多我们觉得无法忍受的事情，等事情真正发生后才知道，其实我们可以忍受。所以初学作文的同学，应该多留意生活，写真正发生在自己身边的人和事。有些情况你觉得是矛盾的，只要真正发生了，就是真实的，抓住这种"矛盾"，作文会更加打动人。

记住，世界是变化的，心情也是变化的，真实的心情是可以"前后矛盾"的。

5. 写作任务

客观世界是错综复杂的，作文能写出这种错综复杂，才是我们要追求的"真"。请记录你亲历的一件事，要求写出在整个过程中你的情感态度所发生的变化。

学生习作

习作一：

我和钥匙的故事

想到这么一个题目，我自己也觉得很意外。同学们可能要问："钥匙有什么好写的？""写这个有意思吗？"可当我经历了之后，我才发现，就一把钥匙，影响了我整整一个星期的心情。

开学第一周，老师要找一个人来管钥匙。找谁呢？肯定是想找一个比较长时间待在教室里的人，比如午托生。在我们班里，像我这样的午托生有6个，坐在第一排的国强就是，第二排的菁菁也是……可是，老师却走到第三排来了，并在我座位旁停下来。当钥匙跌落在我桌上的时候，我真怀疑是老师失手造成的。我不敢看老师，也不敢看同学们，但我知道他们都以羡慕的目光看着我。我感到好开心啊！为什么呢？因为老师把责任给了我啊，看来老师是信任我的，觉得我很 OK 的。

上午放了学，我恨不得全班同学一秒钟内就撤出教室，为什么呀？哈哈，我好锁门啊。但他们似乎个个都走得好慢，终于走完了，当我将门锁上的那一刻，我是多么开心啊，我也能为班上尽一份责任了！

可是，这种开心的时光太短暂了。下午最后一节是体育课。下了课，我就背着书包匆匆跑回教室，等值日生搞好卫生，我就可以锁门了。回到教室，我赶紧将书包从背上卸下来，同时，我的手在书包底部抓了抓，软绵绵的，也听不到金属碰撞的声音，我开始有点紧张了。我又将手伸进书包里面，没有摸到；将书全部倒出来，还是没有。我由紧张转为恐惧了，我丢了家里的钥匙也没这么恐惧过。我赶紧跑回操场去，又沿着下体育课后跑回教室的路线反复查找，可最终还是一无所获。我对自己很失望，觉得自己真的很没用。

我向老师汇报了这件事。老师并没有责怪我，但我还是跟老师道了歉，因为这完全是我个人的错。如果因为这件事，让班上的财产遭受损失，我真的要内疚一辈子啊。虽然老师原谅了我，但我还是很自责。

我和钥匙的故事讲完了，这件事教育了我，以后无论做什么事，我都要告诉自己，一定要小心谨慎，不能再有半点马虎大意啊。

点评：正如小作者推测的那样，没有亲身经历过的人，一定不会料想到，一把钥匙对一个人的心情会有如此大的影响。换一个角度来说，只要是亲身经历过，再平常的人和事，都可以是很好的写作素材。作者从接过钥匙的那一刻起，心情就被钥匙左右了，他因被信任、能为班级尽一份责任而开心，又因丢了钥匙而紧张，继而是恐惧，最后是自责和内疚……可以说，短短一天的时间，作者的成长体验已胜过了一个月，甚至一年。本文的真实性，是不容置疑的。因为真实，读者才容易被这些文字打动。所以，说真话，吐真情，才是写好作文的要义。

习作二：

我的幸福时代

杨润楠

岁月像小河，带着欢快的笑声流去。六年的小学时光，已一去不复返，而那些幸福、难忘的记忆，将永远镌刻在我的生命之树里。

记得在我二年级的时候，总是喜欢吃完晚饭和小朋友们一起在中心花园玩游戏。所以，每次我都会急匆匆地吃晚饭，生怕错过了游戏的任何一个精彩情节。那天晚上，我们在晚饭前商量好了一个"前所未有"的游戏，所以吃饭吃得格外着急，狼吞虎咽。正当我吃到鲜美可口、多肉多汁的蒸鱼时，妈妈千叮咛、万嘱咐地对我说："宝贝，别吃那么急，待会儿鱼刺卡到你的喉咙，很不舒服，非常难受的。"而我却不屑一顾地说："哎呀，没关系的，这鱼我都吃多了，不也没被卡到吗？"我还是没有听妈妈的话，继续大快朵颐地吃。[宜将"地吃"删去]可吃着吃着，我突然感觉喉咙有点不太对劲，应该是被鱼刺卡住了。我急忙叫妈妈说："我被鱼刺卡住了，很难受。"最后，我游戏又没玩成，人还遭了罪。真是偷鸡不成蚀把米。我真后悔：为什么我刚刚就没有好好听妈妈的话呢？想想当年自己的那种执念，**那股不撞南墙不死心的蛮劲，该是多么可笑，可怕！但如果让我再成长一次，也许还会将这种傻事重复一遍吧**。

不知不觉，我们就由一个个幼稚的小不点成长为懂事的小姑娘。在六年的学习生活中，我感到很快乐，也感到很温暖。老师的办公桌上，放着同学们每日的作业，还有老师用红笔打钩的试卷。老师伏在办公桌上为我们耐心批改作业的身影，还不时地在我的脑海里浮现。而我们呢，也会时不时地给老师送去些温暖的物品。

那个充满着美好回忆的操场，我更是永远忘不了。在操场的跑道边，记载着我们在那里努力奔跑的身影。在操场的中间，有一个足球场，男生们在那里踢足球，女生们在那里追逐打闹，我们都大汗淋漓，乐此不疲……

操场上留下了我们的一段永恒的回忆。那一天，老师快速地走进了教室，严肃地对我们说："同学们，我们今天要跟605班的同学进行一场激烈的拔河比赛。"同学们个个都不约而同地说:"太棒啦!""Yes!"全班都沸腾起来,还有的同学边鼓掌边幽默地说道:"真棒棒,这真是千载难逢的机会,终于不用上语文课咯。"同学们个个交头接耳,议论纷纷,跃跃欲试,迫不及待地想马上开始比赛。

于是,我们迅速地跑进了操场,女生们个个昂首奋发,摩拳擦掌。等徐老师一声令下,女同学们立马用尽了全身的力量,使出吃奶的力气来,我们就在赛场旁边加油助威。只见绳子一会儿被我们拉过来,一会儿又被对方拉过去,僵持不下。中间的红绳子不断地向我们七班挪动,但突然发生了变故,五班的同学们用力一拉,绳子又偏向了对手的那一边。就在那千钧一发之时,我们班的女同学拼尽全力一拉,小小的脸蛋像熟透的红苹果一样。"耶!我们终于赢了!"此刻的我们,个个都欢欣鼓舞、笑逐颜开,抑制不住胜利后的喜悦之情。而平常不苟言笑的曾老师也忍不住跳了起来,仿佛能摸到天空一样。每当我想起这件事情,曾老师开心的情景总让我不能忘记,老师像个小孩子一样,她的笑容是我们从来没有见过的。那时的她最开心、最快乐、最幸福。**我以前总以为曾老师只有严厉的一面,但从没想过她竟然也有和蔼的一面呢,**这个笑容一定会令我终生难忘。

小学的时光稍纵即逝,转眼间,就到了我该读初中的时候了。我要感谢我的母校给予我幸福的小学时代,它如同肥沃的土壤一样培育着我们这些朝气蓬勃的花朵,给予我们营养,帮助我们健康成长。

点评:润楠同学以饱含深情的笔墨回忆了她的小学时代。记得有这么一句话,大意是:打电话时也别吝惜你的微笑,因为你的表情可以通过电话信号传递给对方。这句话对写作者很有启发,别以为你只是在写自己的故事,和别人无关,要知道,作者的情态、情感、情绪是会传染给读者的,这样的作文我们称之为有感染力。润楠同学的作文就有这种感染力。比如她写吃鱼时不顾妈妈劝阻,依然大快朵颐,最后被鱼刺卡了。对这件事,她明知吃了眼前亏,但还愿意将这种傻事重复一遍。这看似不合常理,其实是对内心世界真实的写照。她写曾老师在孩子们赢得了比赛时忍不住跳了起来,这其实是很平常的举动,但她说"一定会令我终生难忘"。这个严厉的老师,也有和蔼的一面,这种"矛盾",也是对复杂人性的如实刻画。

本文还会给我们这样的启示:我们老师、家长在教育孩子的过程中,非得有个"大人样"吗?何不跟孩子一起笑、一起闹、一起疯呢?拒人于千里之外的长辈,在孩子们心目中是很无趣的。

教学杂谈　写出隐藏在内心深处的人和事

不如意事常八九,可与语人无二三。我们的想法总是和现实生活存在着矛盾,你很难简单地用开心、不开心,喜欢、不喜欢,赞同、不赞同来表达出人和事的复杂的一面。如果你选择用最简单的方式分享,传递的只是浅表的、虚假的意思,这种表达近似敷衍,又有何益?作文应写出隐藏在内心深处的人和事,动笔前应多询问自己的内心,这样才能写出别人未曾写过的个性化的作文。

请看《呼兰河传》中看小团圆媳妇一节:

祖父说着就招呼老厨子,让他把黄瓜菜快点拿来。

醋拌黄瓜丝,上边浇着辣椒油,红的红,绿的绿,一定是那老厨子又重切了一盘的,那盘我眼看着撒在地上了。

祖父一看黄瓜菜也来了,祖父说:

"快吃吧,吃了饭好看团圆媳妇去。"

老厨子站在旁边,用围裙在擦着他满脸的汗珠,他每一说话就乍巴眼睛,从嘴里往外喷着唾沫星。他说:

"那看团圆媳妇的人才多呢!粮米铺的二老婆,带着孩子也去了。后院的小麻子也去了,西院老杨家也来了不少的人,都是从墙头上跳过来的。"

他说他在井沿上打水看见的。

经他这一煊惑,我说:

"爷爷,我不吃饭了,我要看团圆媳妇去。"

祖父一定让我吃饭,他说吃了饭他带我去。我急得一顿饭也没有吃好。我从来没有看过团圆媳妇,我以为团圆媳妇不知道多么好看呢!越想越觉得一定是很好看的,越着急也越觉得非是特别好看不可。不然,为什么大家都去看呢。不然，为什么母亲也不回来吃饭呢。

越想越着急，一定是很好的节目都看过。若现在就去，还多少看得见一点，若再去晚了，怕是就来不及了。我就催促着祖父。

"快吃，快吃，爷爷快吃吧。"

那老厨子还在旁边乱讲乱说，祖父间或问他一两句。

我看那老厨子打搅祖父吃饭，我就不让那老厨子说话。那老厨子不听，还是笑嬉嬉的说。我就下地把老厨子硬推出去了。

祖父还没有吃完，老周家的周三奶又来了，是她说她的公鸡总是往我这边跑，她是来捉公鸡的。公鸡已经捉到了，她还不走，她还扒着玻璃窗子跟祖父讲话。她说：

"老胡家那小团圆媳妇来啦，你老爷子还没去看看吗？那看的人才多呢，我还没去呢，吃了饭就去。"

祖父也说吃了饭就去，可是祖父的饭总也吃不完。一会要点辣椒油，一会要点咸盐面的。我看不但我着急，就是那老厨子也急得不得了了。头上直冒着汗，眼睛直乍巴。

祖父一放下饭碗，连点一袋烟我也不让他点，拉着他就往西南墙角那边走。

一边走，一边心里后悔，眼看着一些看热闹的人都回来了。为什么一定要等祖父呢？不会一个人早就跑着来吗？何况又觉得我躺在草棵子里就已经听见这边有了动静了。真是越想越后悔，这事情都闹了一个下半天了，一定是好看的都过去了，一定是来晚了。白来了，什么也看不见了。在草棵子听到了这边说笑，为什么不就立刻跑来看呢？越想越后悔。自己和自己生气，等到了老胡家的窗前，一听，果然连一点声音也没有了。差一点没有气哭了。

若浅表地理解，看个小团圆媳妇能有这么多事儿吗？不就是别人看了，"我"也催着爷爷要去看，几句话就讲完了。可"我"的内心并不是这么简单地看待这件事的。"我"心里想到的是，为什么大人们都要去看小团圆媳妇？为什么这一天祖父吃饭这么慢？为什么周围的人都那么啰唆？特想看，却迟迟不能看，这些正是隐藏在内心深处的矛盾、复杂的一面，只有将这一面展现出来，文章才能如此妙趣横生，读者看完定深受感染：呵，多么幼稚的童年，多么愚蠢的想法！

我一直想写老家过年的事，但如果简单地写过年的开心、热闹，这不能代表真实的年，特别是成年人眼里的年。直到挖掘出了年背后最复杂、矛盾的一面，文章才有了值得读者品咂的意味。以下是《年是一份考卷》中的部分文字：

大哥有句"名言"，说学生时代每次放假回来，冷不丁就发现床上或童车里多了个弟弟或妹妹。后来母亲也有句"名言"，说每逢临近过年，都要留意门外动静，冷不丁就有"生客"回来。母亲说的"生客"，是指新媳妇、新姑爷或新添的孙儿。母亲的耳力就是这么练就的——她的眼睛做了白内障手术，膝盖切除了骨刺，只有耳朵还灵得很。有一年母亲听见了动静，出门来张望。只见六弟领个陌生女人从屋旁过去了，在猪圈、厕所前停下，说："这就是我家。"母亲笑出了眼泪。母亲说："别吓着她，愿跟你的，住猪圈也愿意。"年是母亲给我们的一份考卷，领回怎样的"生客"，决定着我们的考分。

母亲不会玩微信，但我们回家的时间都在她的掌握之中。我腊月廿六回到家，母亲像变戏法似的舀起滚烫的豆腐脑让我们御寒，然后手卷着裙摆立于一旁，被子、枕头、棉鞋在哪都要一一交代，又念叨着六弟廿八回家，大哥廿九才能回，五弟要年三十才到，七妹……话没说完，母亲又突然想起什么来，自顾离开，一会儿手托着枕巾进来，自责地说晒了好几天，居然忘了。

如今，母亲更像一个复习不充分而考试时间将至的学子。我们兄弟，都是给母亲命题的考官。于是，母亲高兴的神色中，就夹杂了些别样的意味，往往一句话起头声音是上扬的，尾音却跌落下来——她该又想起了一道难题。

……

直到过年这天，兄弟们才能全部到家。我们都想为这个家分担点什么，接待，采购，写春联，水电维修，各称其职。这一天，母亲的嗓子已经沙哑了："上午你们要……帮我扯鸭毛哦。然后还要……剖鱼……"这些话，母亲是对她的儿媳妇们说的。

没等母亲把话说完，媳妇们就积极回应："好的，我们会干！""扯鸭毛去!""走!"然后一窝蜂地飞到屋外去,将井边的池子团团围住;又突然想起许多程序来,于是找母亲要热水的,找母亲要瓢的,找母亲要围裙的,找母亲要皮手套的……一时有各种口音在向母亲发出求助信号。母亲在厨房忙着别的,为腾出空来,只好往锅里加一瓢冷水;等一会儿又加一瓢冷水……锅里的水满了,沸了,母亲要做的事却还没做,一时乱了头绪,双手绞着围裙发着呆。

矛盾点在哪里?至少有:母亲的各种功能器官都在老化,听力却好得出奇;母亲不会玩微信,却从不会错过有关我们的信息;母亲本以为有了许多帮手,结果一时更乱了头绪……这些才是掩盖在表象之下的真实的年,要让读者唏嘘感慨,就不能不展现这些被人忽视的细节。

所以,当你准备分享某个人某件事之前,建议你问问自己,你想讲的这些是别人都能轻易看到、听到、想到的吗?如果是,就别写了,多你一篇不多,少你一篇不少。如果一定要写,则必须挖掘出隐藏在内心深处的、你不说别人就未必能轻易想到的部分。

作文的品质
——人对了，作文就对了

第十三讲　真实才有个性

　　有一种真实，是"我"觉得真实。是只有处在这种情绪和情境中的"我"，才有的独特的感受。每个人听到的、看到的、想到的、感受到的，都是独特的。将这独特的一面如实呈现，你就找到了别人想不到的句子。真实的才不易与他人重复，才更有个性。

一、作文中的真情绪

先看《呼兰河传》中的几段文字吧。

第二次，又有一只鸭子掉井了，祖父也用黄泥包起来，烧上给我吃了。

在祖父烧的时候，我也帮着忙，帮着祖父搅黄泥，一边喊着，一边叫着，好像拉拉队似的给祖父助兴。

鸭子比小猪更好吃，那肉是不怎样肥的。所以我最喜欢吃鸭子。

我吃，祖父在旁边看着，祖父不吃。等我吃完了，祖父才吃。他说我的牙齿小，怕我咬不动，先让我选嫩的吃，我吃剩了的他才吃。

祖父看我每咽下去一口，他就点一下头，而且高兴的说：

"这小东西真馋。"或是"这小东西吃得真快。"

我的手满是油，随吃随在大襟上擦着，祖父看了也并不生气，只是说：

"快沾点盐吧，快沾点韭菜花吧，空口吃不好，等会要反胃的……"

说着就捏几个盐粒放在我手上拿着的鸭子肉上。我一张嘴又进肚去了。

祖父越称赞我能吃，我越吃得多。祖父看看不好了，怕我吃多了，让我停下，我才停下来。我明明白白的是吃不下去了，可是我嘴里还说着：

"一个鸭子还不够呢！"

自此吃鸭子的印象非常之深，等了好久，鸭子不再掉到井里，我看井沿有一群鸭子，我拿了秫秆就往井里边赶，可是鸭子不进去，围着井口转，而且呱呱的叫着。我就招呼了在旁边看热闹的小孩子，我说：

"帮我赶哪！"

正在吵吵叫叫的时候，祖父奔到了，祖父说：

"你在干什么？"

我说：

"赶鸭子，鸭子掉井，捞出来好烧吃。"

祖父说：

"不用赶了，爷爷抓个鸭子给你烧着吃。"

我不听他的话，我还是追在鸭子的后边跑着。

祖父上前来把我拦住了，抱在怀里，一面给我擦着汗一面说：

"跟爷爷回家，抓个鸭子烧上。"

我想：不掉井的鸭子，抓都抓不住，可怎么能规规矩矩贴起黄泥来让烧呢？于是我从祖父的身上往下挣扎着，喊着：

"我要掉井的！我要掉井的！"

祖父几乎抱不住我了。

在那么困难的时期，从道理上说，只有掉井里的鸭子，才可能烧来吃。但爷爷爱我，所以不掉井里的也烧给我吃。情感会左右人们对事情的判断。有些事从道理上说不是真的，但受感情影响，就变得真实了。

又比如《呼兰河传》里这样写冯歪嘴子的女人：

……这个说，王大姑娘这么的。那个说王大姑娘那么着……说来说去，说得不成样子了。

说王大姑娘这样坏，那样坏，一看就知道不是好东西。

说她说话的声音那么大，一定不是好东西。那有姑娘家家的，大说大讲的。

有二伯说：

"好好的一个姑娘，看上了一个磨房的磨倌，介个年头是啥年头！"

老厨子说：

"男子要长个粗壮，女子要长个秀气。没见过一个姑娘长得和一个抗大个的（抗工）似的。"

有二伯也就接着说：

"对呀！老爷像老爷，娘娘像娘娘，你没四月十八去逛过庙吗？那老爷庙上的老爷，威风八面，娘娘庙上的娘娘温柔典雅。"

老厨子又说：

"那有的勾当，姑娘家家的，打起水来，比个男子大丈夫还有力气。没见过，姑娘家家的那么大的力气。"

一个说话爽朗、力气大、会干活的女人，应该受到赞扬才对，但人们不喜欢冯歪嘴子和他的女人，所以一切优点都变成了缺点。我们不能说人们都在讲假话，他们讲的应该都是心里话，是带着厌恶情绪的真话。

所以我们评价一篇作文是不是真实，不应该只看事情本身的是非曲直，还要看作者是在怎样的心境和情绪下写出来的。有个小同学在作文中写"吴承恩，我恨你，你欺骗了我"，你不能认为吴承恩就应该被崇敬，不能被恨。事实上，这个小同学是太喜欢看他写的《西游记》了，入了迷，以为猴子的毛都能变金箍棒，可有一天得了一根猴毛，却什么也变不出来。他没讲假话，他表达了自己最真实的情绪。这种真实，反而让他的作文与众不同，更有个性。

所以说，有一种真实，是自己认为真实。

复习旧知识

真话中不要夹带套话空话，作文才有个性。

真话中要有真情境，真情绪，作文才有个性。

近乡情更怯

真情境：离乡一年又一年，音信全无。家中可能发生什么变故？一切未知。

真情绪：不敢问，真怕问出什么可怕的事情来。

二、作文中的真情境

先看例文。

家有"评委"

今天，我有些紧张，因为马上就会有评委给我打分了。

镜子小姐说：这个男孩儿很帅气，就是牙齿有些参差不齐，只能打99分。

马桶大爷说：他用完我后从不忘冲水，还用"一瓶水节水法"节约用水，我给他打100分！

毛巾阿姨说：他用完我后能放回原处，就是给我洗澡的次数少了点儿，所以98分。

书本小弟说：他每天都来问候我，他是个爱学习的小哥哥，当之无愧要得100分喽！

蜗牛说：他每天都给我菜叶吃，还给我洗澡，太给力了，100分！

乌龟说：他总是按时给我换水，喂泥鳅，还让我冬眠的时候睡在暖气旁，给他100分！

这次我的成绩还不错，得了好几个满分。不过，马虎不得啊。因为还有好多评委没有出场呢！

读了这篇作文，你会质疑作者在说假话吗？应该不会，你只会觉得小作者与这个家有着亲密无间的关系，他勤俭节约、爱学习、爱劳动、有爱心、严于律己，他很热爱这个家并且正努力成为一名优秀的家庭成员。我们也不得不佩服小作者丰富、合理的想象力。一篇个性十足的习作，叫人过目难忘，给人无穷回味。

为什么家中的物品说起话来，读者也能接受呢？因为整个氛围让人感觉真实。只有镜子说话，我们会觉得虚假；当马桶、毛巾等所有物品都说话了，就相当于构建了另一个合乎逻辑的小世界。这种真实，叫情境的真实。

假如，有一只蜗牛温和地对小白兔说："你要是做事动作太慢，就学我的样儿早点动身！"小白兔听了，早早地来到学校。水牛老师很惊讶……这么写，属于真情境。

假如，一只蜗牛温和地对李华说："你要是做事动作太慢，就学我的样儿早点动身！"于是李华早早来到学校，老师很惊讶，问他为什么不迟到了，李华把蜗牛的话学了一遍，老师点头笑了。这样写就没有真情境。

总结起来一句话：真实的作文，要有真情绪，真情境。

三、真实才有个性

有的作文千篇一律，毫无个性可言。本来属于个性化的劳动，变成了机械化的作业。比如作文中类似这样的句子：

一个雪雨交加的傍晚，小明吃完晚饭，无意中透过窗玻璃看到学校里老师办公室的灯还亮着。

在伸手不见五指的夜晚，地面上的雨水像小溪在流。这时，王红来到小明家，邀小明一起去给老师送伞。

同学们看着清洁的教室，擦着额头上的汗水，笑了……

我的腿像灌了铅一样……

我爱我的家，更爱我伟大的祖国！

在我的记忆里，有这样一段故事，如最亮的星星一般。

小明的话音刚落，教室里顿时响起了雷鸣般的掌声。

第十三讲　真实才有个性

　　秋高气爽，丹桂飘香，在一阵热闹的锣鼓声中，我们迎来了学校的第 X 届运动会。

　　以上这些句子，有的经不住推敲：雨雪交加，老师还在办公室，且能被你看见？伸手不见五指的夜晚，还能瞧见地面上的水流？有些句子逻辑上没毛病，但纯属空话、套话，读者看这些句子，就是多读一遍和少读一遍的问题，不会对你的作文留下深刻印象，更不会留下好印象，甚至还可能反感。

> 她有点胖，她的肚子像个小皮球，爸爸给妈妈起了一个可爱的外号——"小肥猪"。每都把我搞得哈哈大笑。

> 我妈妈长着苹果脸，眼睛黑溜溜的，头发乌黑乌黑的，嘴巴一张圆圆的像个小球儿。妈妈的双眼皮是去店里做的。我的妈妈又胖又高，胖乎乎的，腿又粗又长。妈妈老是说要减肥，减肥的，可是，她一直瘦不下来，因为，她还是吃的太多。

　　以上两段文字是孩子们在"真心话大冒险"中写下的，是不是给人耳目一新之感？和那些类似"我妈妈的头发黑黑的，脸圆圆的，眼睛大大的，鼻子高高的……"这样的描写相比，人物特点鲜明多了。拥有"小肥猪"这个外号的妈妈，做了双眼皮的妈妈，才是你独一无二的妈妈。如果用头发黑、眼睛大来描写妈妈，岂不满世界的女人都成了你的妈妈？

　　要改掉写假话、空话、套话的毛病，就要在动笔时多问几个问题：事情经过真实吗？场面描写真实吗？神态动作真实吗？心理描写真实吗？解答了这几个问题，写出来的句子就真实且有个性了。看以下示例：

原文 1：

　　记得爷爷去世那天，低垂的天幕压着我的脸，隆隆雷声回响在我耳畔，平常最欢快的小溪那天也在呜咽。

117

修改稿1：

记得爷爷去世那天，我咬破了嘴唇，为的是不让自己哭出声来，我不愿用哭声来宣告自己是个没有爷爷的孩子。

原文2：

这里很静，只听见树叶沙沙作响，连树枝落地的声音都能听见。

修改稿2：

四周是那么的宁静，你能听见一百米外松鼠在枯枝上跳来跳去，断枝掉下来，先微微地勾住另外的树枝，然后落到松软的草面上——永远地掉在那儿，静静地等着腐烂。

以上原文属于千篇一律，毫无个性，修改稿是真实的。真实的才不易与他人重复，才更有个性。每个人听到的、看到的、想到的、感受到的，都是独特的。将这独特的一面如实呈现，你就找到了别人想不到的句子。

范文一：

"妈妈，我欺骗了你"

儿子经常语出惊人。从他很小的时候，我就经常蹲下来，看着他的眼睛，温和又认真地告诉他：我爱他！每当这时候，他也会认真地和我说：我也爱妈妈！这样语言上的表达数不清有多少次了，但是上周发生的一件小事，在我心里荡漾了很久。

在我们一次开心的拥抱后，他好像想到了什么事情，然后犹犹豫豫地想要跟我说，于是我鼓励他，如果愿意，可以随时分享给我听。

过了一会儿，他和我说："妈妈，其实我想跟你道歉，有件事情我一直跟你说谎了，已经很长时间了，好像有好几年了，你能原谅我吗？"

我很惊讶，因为我想不到会是什么样的事情，同时也很欣慰，欣慰他还是愿意和我说。

"妈妈，其实我每次跟你说我爱你的时候，都是假的！因为我根本就不知道爱是什么！"说完，这个勇敢、健壮的男孩子竟然红了眼圈，惭愧地哭了起来，边哭边说，他真的觉得很抱歉，他明明不知道爱是什么，还骗我。

我反应了好一会儿，我紧紧地抱着这个小男孩，好像我们母子间的爱也随着这个拥抱变得更有分量了。晚上临睡前,我们照例分享这一天各人所得所想,我正面地回复他的道歉:"亲爱的,我听到你的道歉很感动,我没有觉得你骗我,我也没有生你的气,我其实很想谢谢你,谢谢你把自己的真实想法分享给妈妈。"但是关于爱到底是什么,长什么样子,我们还没有讨论,这个小男孩就踏实地呼呼睡觉了。

直到后来,我们在森林公园骑自行车,我带着妹妹,他独自骑着他的自行车,快乐又自在,他又想到了上次没谈完的话题,关于爱到底是什么,他似乎想让我给出一个答案。

"我觉得爱其实没有什么形状,爱也许是个很特别的感觉,就像我们都没有见过'温度'长什么样子,但是当太阳的光照到我们身上的时候,我们就感觉到了热的温度。可能爱和温度的性质差不多,它可能是一种美好的感觉,这是我的想法,你觉得呢?"

他认真听完,思考了一会儿,就向前快速骑行,还回头轻松地向我喊:"我明白啦!我爱你!妈妈!"

范文二:

> 胡子澄
>
> "表里不一"的老妈
>
> "哼!"我闷闷不乐地坐在沙发上,脚有一下没一下地踢着桌子,嘴里还不停地嘀咕着:"切,不就是弹琴时起来喝了儿滴棒棒杯水嘛,用得着发这么大火吗?!"我摸摸瘪扁了的肚子,不由地唉叹到:"老天啊!我宁愿扣零花钱也不要饿肚子,我可怜的肚子啊,真是委屈你了!"
>
> 这时,老爸的脑袋从门后鬼鬼祟祟地伸出来。我看了他一眼,然后马上扭过头,冷哼一声,不理他。别以为我不知道,老爸和老妈可是统一战线的。可想不到,老爸竟然端着一盘子好吃的走了过来。
>
> 魏木刻

> 我很奇怪，疑惑地问："老爸你干什么啊！想用美食诱惑我'犯罪'吗！"老爸嘿嘿一笑，狡猾地答道："那你到底要不要？不要我可是拿走了哦！"说完还作势转身就要走。我急忙叫住他，嚷嚷道"哎哎！别走啊！不要白不要嘛！"老爸好笑地看着我，取笑我说："刚才是谁英雄就义一样，一脸视死如归啊？这些细节就不要在意嘛！"我一边说，一边抱过盘子，大快朵颐起来。一边吃还一边不忘问一句："你给吃的给我，不怕挨老妈叨唠叨啊？"老爸好像战士一样说："你妈我还怕吗？多大的事儿啊！分分钟她就被我KO了！"看老爸这样子，我白了他一眼，无语地说："装嘛就你最厉害，平时你可是一秒被我妈上秒杀的！"老爸也只是嘿嘿一笑，并不说话。
>
> 看我吃喝饱足后，老爸便端着盘子回餐厅去了。我听到了他们的对话。"子淳吃了吗？""已经吃了。""这孩子的脾气也挺倔，让个错不就好了？"
>
> 听了他们这番话，我也是心里一暖。我就说嘛，他和老妈怎么可能这么绝情呢？她也真是拉不下脸，"表里不一"啊。

以上两篇范文，作者在求真的过程中，都对自己和他人进行了一次审视。这种写作上的求真，影响到了做人的求真。可以说，写作是良好人格塑造的重要活动。

第十四讲　平等才有灵性

写作时忘掉人是人，物是物。要想到植物是会疼的，动物是能听懂语言的，每一粒沙、一抔土都有各自的心事，每一片云、一束光都有各自的追求。有时仰起头，有时俯下身，与万物平等相处。试着这么写作，你的作文也许会有意想不到的灵性。

先说说写景作文吧。有的同学以为只要罗列景物及特点就行：梅江一望无垠，游船穿行如梭，两岸楼房高耸入云。看，天上一只飞鸟，振翅高翔；听，江上渔歌互答，优美动听……

真是面目可憎。

以为加上成语，诸如风和日丽、万里无云、一碧万顷、波澜壮阔、美轮美奂……就是好作文了吗？不，有时效果适得其反，真正会写作的人有时还要避免用成语。所谓"成语"说白了就是现成的话，千篇一律的话，结果将梅江写得跟长江似的。

写景是用身心去感受美、分享美，而不是打开电脑搜索词汇。本来需用你最柔软的一面去完成的工作，怎么能交给冷冰冰的键盘呢？

写景作文要写些什么？王国维在《人间词话》里有一句很有名的话："以我观物，故物皆着我之色彩。"许多人都知道这句话，但可能领悟不够；也可能自己领悟了，但不知如何传授给孩子。这句话其实是叫我们不能仅用眼睛观景，更要用"心"。心情不一样的人，或者同一个人在心境不一样的情况下，所看到的梅江应该是不一样的。

那怎么发现不一样呢？这才是难点。老师教你们这几句话：

第一，写景一定要有想象。你会想到什么，就融入了你什么样的情感，不必刻意。比如李白望月想到的是"霜"，这正是他思乡时低弱情绪的反映；如果是农民工，可能会想到"石灰"。

第二，写景一定要弄出点动静，哪怕是写静物。可以写动作，写声音，真要无声无息，也可以想象出一些动静来，比如"今晚有月光"，你可以写成"月色陪伴着我"，"陪伴"就是一个温暖的动词。

第三，一定要忘记自己是人、景物是物。你将月亮当作人，你才容易想到"月色陪伴着我"。跟狗儿在一起，你不要把自己看作高等动物，你高高在上是无法发现狗的可爱之处的，你不妨和狗儿说说话，嘴里不说就心里说；跟一棵柳树在一起，你不要把它当柳树，你当它是亲人、朋友，你们相依相偎。记住，任何景物都可以把它想象成人。

老师是这么写梅江的：

桥伴着江水，江水伴着我们，而两岸的霓虹正目视着这一切。江水没有拒绝灯光，你看她将光和影深深地吸进心底，或浓或淡，或长或短，船移动处，又漾开层层鳞片。我疑心光和影是江水的孩子，被呵护在掌心，又被允许顽皮地跳跃，是的，在慈祥的目光所及的地方，母亲也是这么娇惯着自己的孩子的。

琢磨一下：第一，没用成语，如果用成语，这段话就是写人与江"和谐相处"，没什么好写了。第二，把桥、霓虹、江水、光和影，都想象成了人。第三，有大量动词，弄出了动静。

状物的作文也一样，不能只写外观和用途。前面学过一篇《今日的电影院》的范文，作者写那些空座位，是"忠实的观众"，物成了人；写扫地的老头，"像是被谁撂在这儿的"，人倒成了一个物件。人和物，在作者眼里没有本质不同。在修辞手法上，有拟人和拟物，这篇范文都用上了。但我不喜欢强调作文中要用上多少种修辞手法,因为作文不是技术,是艺术。硬要在作文中套上多少种手法,这是技术;而真正和万物平等相处,你心里没想着拟人、拟物,事实上你还是用上了,而且用得那么自然贴切,这就是艺术。技术是可以反复训练并复制的,而艺术是灵光一现、妙手偶得的。但这"偶得"并不是偶然得来的,而是和作者一贯的为人处世的态度密不可分的。

将自己和万物置于平等的位置,你才会怜悯一株被践踏的幼苗,才会陪伴一只与主人走散的宠物,才能体会一块被弃于荒野的石头的孤寂,才能辨别出一声鸟鸣是欢悦还是凄凉。当你视万物与自身平等,万物在你笔下才会有呼吸,有温度,有灵性。

范文一:

今夜梅江不醉

葛成石

如果水面上的清风没有吹乱过你的头发,如果清风中的水汽没有亲吻过你的肌肤,如果江水没有将两岸的喧嚣连同你自以为很重要的一切暂时隔离,你又如何敢说自己亲近过梅江?而这一夜,我们终于可以大声说,我们真真切切地和梅江相拥了,何况有水声,有音乐,有诗情画意,有从日暮到黑夜、从东山桥至广州桥的时空变迁。如果说你是一首乐曲,那我们没有落下一个音符。

当日头在房顶上挣扎着不愿下垂的时候，我们却像参透了一切似的，欣然接受着一个白昼的结束，因为这意味着要孕育新生，孕育一个让人迷恋的夜。每个人的笑意都是那样恬静，像极了两岸静默的高楼和水面上静默的桥梁，定格的却是一幅没有汽车轰鸣和路人匆匆的静物写生。

桥伴着江水，江水伴着我们，而两岸的霓虹正目视着这一切。江水没有拒绝灯光，你看她将光和影深深地吸进心底，或浓或淡，或长或短，船移动处，又漾开层层鳞片。我疑心光和影是江水的孩子，被呵护在掌心，又被允许顽皮地跳跃，是的，在慈祥的目光所及的地方，母亲也是这么娇惯着自己的孩子的。

像一帧看不见切换痕迹的幻灯片，画面静静地在江中流淌。梅江桥是一张名片，上书"叶帅故里，世界客都"；德龙桥是一弯彩虹，画一道童话般的美好；还有剑英桥佩饰的翡翠，嘉应桥镶嵌的金黄，梅州桥讲述的过往，广州桥链接的远方……你是一幅色彩斑斓的油画么？不，你不只有油彩的鲜艳，你还有天空和江水那悠远而神秘的泼墨写意。

而我们正坐在船上，像虔诚的信徒，手捧着诗卷，心里装着的，只有文字及其带来的无限遐思。这时其实水在流，船在动，影在晃，我们在读诗，乐曲在飘荡，没有一处不是在动，但我们却感觉这个夜比任何时候都要静谧。

是谁在吟诵《念奴娇·赤壁怀古》？是谁在吟诵《沁园春·长沙》？难道江水是历史的血液？前人沐浴的清风明月我们也在沐浴，前人吟诵的明月之诗窈窕之章我们也在吟诵，前人怀想的英雄人物我们也在怀想，前人历经的青春岁月我们也在体悟……他们的满足我们有了，他们的遗憾我们没有，当他们转身离去徒留幻想的时候，我们的音画时空却还可以如焰火一样在微信里缤纷绽放，感动着我们自己，感动着与我们保持丝丝缕缕联系的人们。

组织者说醉了，文友说醉了，今夜唯有梅江不醉。梅江给予我们的，于我们，足以用一生存念，而于梅江自身，这不过是一个寻常的夜晚罢了。她的乳汁是不绝的泉源，她的大爱还要继续装饰更多人的梦境。

范文二：

我和两条鱼的故事

许　悦

前年暑假，我和妈妈在大润发购物时，买了两条小鱼。

这两条鱼虽说品种相同，可长得大不相同。一条鱼的身体像我的 2/3 小指一样大，身上有道黑色条纹。另一条鱼比黑条纹要瘦一些，轻盈些，它身上也有道条纹，但那是青色的。

我把这两条鱼放入一个以前装耗油豆的圆柱形高瓶子里，它俩好像是旧识，会一起游来游去。它俩的嘴巴总是不停地一开一合，像在吸吮残留的耗油豆。

我非常喜欢它们，无微不至地照顾着它们，观察着它们。我发现，体态轻盈的青条纹鱼常常欺负胖胖的黑条纹鱼，追着它跑。我想，这对好伙伴是不是闹别扭了？黑条纹鱼身上有些伤痕，看来要把它们隔离开来才好。

可是，一把它俩隔离开，它们就挨在透明的鱼缸边，痴痴地望着对方。看来这对好伙伴明白了对方的重要，是时候让它们团圆了。但它俩似乎又是冤家，刚团圆不久，它们又故态复萌了。

我只好求助百度。哦！原来它俩是在交配呀！原来它们是夫妻！一切都说通了。可是，由于我换水太勤，那些鱼卵估计都在下水道了。不怕，既然知道了，来日方长嘛。我期待着鱼宝宝的降生。

黑条纹鱼——我发现它是母的，就叫它"黑美人"，和青色条纹鱼——它是公的，我还是叫它"小青，"又和过去那样打打闹闹，直到有一天……

这天，我给它俩换水时，黑美人从洗手池的缝里掉了下去，摔得不轻。第二天，它就离开了我们。

小青失去了黑美人，整天闷闷不乐的。我正打算再给它买条鱼做伴，爸爸妈妈就说要带我去香港旅游。临走前，我给小青放了一大把饲料。五天后，一直很牵挂小青的我们回到了家。可小青已被冻在了肮脏的水中……

唉，养宠物可是要花大功夫的！养了，就要给它们完美的一生。

点评：在小作者眼里，这不是两条鱼，而是一对小伙伴，一对小冤家，一对小夫妻,它们相遇、相恋又相离,走过了幸福却短暂的一生。小作者爱着它们,也想走进它们的生活,但事实上都在帮倒忙:怕它们打架结果让恋人离散,勤于换水却让黑美人摔成重伤。小作者的态度像极了父母或者老师,爱是毋庸置疑的,但被爱的人是否需要却值得怀疑。这哪是写鱼呢?分明是写人生,写命运,读后叫人唏嘘感慨。当然,小作者没有想这么复杂,她只是在真实而快乐地表达,不经意写出了这样一篇意趣盎然又天然去雕饰的佳作——这正是可贵之处。

教学杂谈　你想做个怎样的人

文学即人学,作文即做人。没有正确的价值观,就没法做好人;没有做好人的想法和体验,作文也无法达到应有的思想高度。因此,我认为作文课有一个不能不谈的话题:你想做个怎样的人?

谈论这个话题,看似容易,其实不易,要谨防把经念歪了,比如学生们都夸夸其谈:要做德智体美劳全面发展的高素质人才!要为中华之崛起而读书!要为人类解放事业而奋斗!

如果学生都唱高调、掉书袋,这次活动就没意义了,不成了摘抄格言警句吗?我们的真正目的是要让学生平日里真正去思考和践行做人的问题,这样才能培养他们"生产"的能力,而不是"搬运"的能力。孔子也上过这么一课,当然,他不是一本正经地在课堂上开展,那时候也没有摄像机,也不用在抖音上展示——这恰恰给了他们说真心话的宽松环境。孔子让学生"各言尔志",有的说有好东西要和别人分享,有的说想做一个不自夸、不邀功的人,孔子也说了些自己的想法:让老人安乐,让朋友互信,让年轻人能得到关爱。你看,这是多么有意思的交流!我们的课堂也应该创造这样的氛围,让大家都讲出心里话,"生产"出自己的朴素的思想。说不定某一天,某人某事触碰了你的这些想法,你就会有迫不及待要表达的欲望了。

我跟学生讲到自己创作的小小说《人皮》(附后),其实就是在用文学的形式表达想做个怎样的人。我希望做一个心胸开阔、有成人之美的人。每个人都要发挥专长去多做点事,如果自己能力不足够来做更多的事,就要成全别人多做事。

认识了作文和做人、作文和生活的密切关系,作文也就不再是一件高深莫测的事了。

附:

人　皮

葛成石

威尔是个官员,他的施政计划简称"H.C.P.",他要通过实施该计划,来换取一座幸福之城。

然而总有一些人热衷于给他人制造麻烦,或是以看他人的笑话为乐,因此,威尔每天睁开眼睛,都会有一堆棘手的问题在变着花样等待着他。威尔视察某地,就有消息灵通人士事先在那儿安排一场集会,无非是要煽动民众抵制"H.C.P.";威尔刚刚在电视上发表讲话,称失业率再创新低,等他走出门来,就会看见一伙人脖子上挂着"我们要工作,我们要吃饭"的牌子,在配合着路人拍照;威尔在任两年,换了三个秘书,漂亮的女秘书被说成是他的情人,换个男秘书又说是他的"同志"……威尔也想置之不理,但制度不允许,他只能浪费大量时间去走完无聊透顶的程序。

终于有一天,那伙捉弄威尔的人扑了一场空。威尔第一次缺席了。口口声声许诺给这座城市以幸福的官员,怎么能够缺席呢?有些人来劲了,声称一定要将威尔揪出来。可威尔像人间蒸发了似的,任人掘地三尺,就是不露踪迹。一天,两天,三天……直至一个星期后,才见一个古稀老人出现在公众面前,他自称是威尔。嗓音的确是威尔的嗓音,模样也的确是威尔的模样,但整个人简直成了一只被风干的水果,干瘪瘪皱巴巴的,原本四十来岁的威尔,怎么可能一周内变成七旬老翁呢?起初没人信他。

老人哀婉地说:我也希望这不是真的,常人将衰老带来的痛苦摊薄到一生,尚且难以接受,我又怎么愿意让一生的痛苦浓缩于瞬间?痛定思痛,我能想到的原因无非是,过去的两年,我太累了,而有些人却还把本可以避免的劳累强加于我,为了应对这一切,我透支了生命中的三十年。

老人又深情地说：时间对我来说更加宝贵了，我希望能在无人添乱的环境中快点做完任期内的事，因为我的日子恐怕不多了……

一时全城的电视都在播放威尔的这段真情告白，许多人流下了眼泪，包括那些总是制造麻烦的人。

威尔急需招聘一个新的秘书。许多人都愿意接近这位明星兼传奇人物，然而，威尔却在众多应聘者中选择了一个模样奇丑的女子。她叫凯丽，她自我介绍说：一场火灾，让我半边脸是天使，半边脸是魔鬼；在校时没有朋友，毕业后没有工作。威尔说：我们的"H.C.P."会保障你有工作。凯丽成了让威尔最安全的秘书，因为他的政敌不可能说，威尔和凯丽保持着不正当关系——老翁和丑女子，没有联想余地。

给威尔制造麻烦的人突然少了。有人说，威尔已注定是个任期一满就回家的老头儿了，还给他添什么乱呢？很显然，过去添乱是针对他那张年轻且对他人可能构成威胁的脸。当然，也有人例外，他叫布莱克，是当年竞选时被威尔打败的。他依然不时地要鼓噪几声，尽管再也起不到一呼百应的效果了。新秘书凯丽说：这个人交给我来处理，算是我给您的投名状。也不知凯丽用了什么绝招，布莱克果然收敛了。威尔不禁赞叹：凯丽，你是我最出色的助手！

威尔倍加珍惜不受外界干扰的工作时光，如期兑现了他的政治诺言。

两年后的一个黄昏，一对男女并肩坐在公园的长椅上。

男的说：人心巨测，世事难料，我卸任后，太太居然会嫌我老，跟园丁跑了，而你呢，居然愿意嫁给我这个"老头子"。

女的说：我最反感别人以貌取人，而您不是，您给了我这个"丑女子"工作，又肯定了我的能力，这就是我要嫁给您的原因，我真替您的前任太太感到惋惜。

男：谢谢你能这么理解，以后我们只管尽情享受阳光、绿树和其他一切大自然蓬勃的气息了，那些琐碎事儿，就交给布莱克去做了，他应该能赢得这一轮竞选的。

女：亲爱的您错了，他应该要出现在法庭上了，当年我为了让他闭嘴，搜集了他贪腐弊案的罪证，才把他控制住。如今，我还准备将他"送进去"，要是没有这种人，我们早就可以简单工作、简单做人了。

男的沉默片刻，赞同了她的想法：哦，是的，要是没这种人，我就不必花一周时间定制那张老皮了。

女的说：是的，不过在您为自己的创意沾沾自喜的时候，您是断然不会想到，我脸上也贴了一张皮的，我一直希望别人能看到我容貌之外的东西。

两人相视一笑，之后，两张脸亲昵地贴在一起——男的年轻帅气，女的如天使般美丽。

第十五讲　做个有趣的人

人天生应该是有趣的。看见老人的长胡子，总想拽在手上；看见地上的水流，试图用手改变它的流向；看见扇动着翅膀的蝴蝶，忍不住也翩翩起舞……有趣的人在一起，分享有趣的想法，世界也便有趣了。"好看的皮囊千篇一律，有趣的灵魂万里挑一。"要让作文拥有有趣的灵魂，首先作者要做个有趣的人。

生活中一些有趣的想法和行为往往得不到保护，甚至总是被制止，人便不再有趣，即使有趣也不敢与人分享。主要有这么几种情形：

观念上，错把有趣当无知。孩子在地上学毛毛虫爬行，大人会呵斥他太脏、太野、太幼稚，指责说：你又不是虫子，为何要在地上爬？而不是一起研究昆虫有哪些身体构造。

空间上，让有趣的灵魂无处安放。家里不行，学校更不许。作文中想光明正大地写这些很另类的想法，更是不可能。很少人能像爱迪生的父母，社会、学校不能容的事，父母宽容他并提供条件。

时间上，也不被允许有趣。你的一切兴趣，得按成人的想法来进行。范文《热闹的周末》里反映出，滑板鞋、球鞋、足球才是孩子有趣的伴侣，但孩子根本没时间亲近它们，只能忙于上各种自己没多大兴趣的"兴趣班"。

第十五讲 做个有趣的人

习作：

> 段苏真
>
> ### 在学习快乐真作文的日子里
>
> 　　在学习快乐真作文之前我是极其厌烦写作文的，每次老师布置作文，我其它作业都写完了，但就是没写作文，我总是把作文拖到最后不想写；每写一篇作文我都会写好久，至少要1小时。有很多人会问我："你怎写一篇作文要那么多的时间？我都不需要。"因为我总是想着开头该怎么写，总想着写比喻句、排比句，想好了开头又想着结尾该怎么写，要是实在想不出词语就上网搜一篇，抄一半，自己写一半，这样就不会被别人说了。

段苏真同学说她之前写作文十分困难，因为一动笔，想到的就是取悦他人，而不是表达自己。不管自己的灵魂多么有趣，她都不敢用最贴切的词去描述，只能满脑子想修辞手法、好词好句。于是，有趣变得无趣了。

在第六讲末尾有一篇"教学杂谈"，题目叫《作文的灵性来自宽容》。在一次师生外出活动中，老师让孩子写作文，而且特别强调真实的都可以写，不要有任何顾虑。在老师的宽容之下，有的学生写蚊子太多，有的发现了生锈的钢管，有的留意了石缝间的青苔，还有的偷食了石斛，有的险些被死蛇吓出病来。这些看似不美的东西写进了作文中，也没有用上摘抄本的好词好句，但孩子们那股探索的劲儿，那种面对脏乱差的环境还毅然前往的精神，反而得到了更好的表现。有位同学还写出了"顾不上数一数拍死了腿上几只蚊子，只顾在花叶间穿梭"这样有灵性的句子，在这里，蚊子断然不是丑的东西，而是能比照出美来的重要的参照物。

人生来是有趣的，每个人体内都安放着有趣的灵魂，怎么一写作文，有的同学就变得僵化了呢？说到底，是学校、家庭、社会对孩子还缺乏宽容。他们喜欢让孩子照着一个标准去生活，去思考，去表达。久而久之，孩子就学会了迎合和取悦他人，而隐藏了一个有趣的自己。为人无趣，为文亦无趣。

教作文，不能仅仅视为课堂上做的事。孩子接触的每一个人，都是老师；孩子接触的每个事物，都是教材。你怎样生活，你怎样待人接物，都在影响着你怎样写作。在我的作文教学口号中有一句：爱生活，爱阅读，爱表达。这种提法，就是基于以上考虑。满腔热情地投入生活，有良好的阅读习惯，喜欢与人分享，这些都是学习作文的重要环节。换句话说，要提高学生的写作能力，不能仅在课堂上使劲，在课堂之外多加引导，这会显得更加重要。这就要求老师提高自身对作文教学的认识。老师首先是个有趣的人，学生才能有趣，作文才能有趣。

范文：

帝王家中逛一圈

许　悦

七月中旬，我来到了北京，来到了故宫。嘿！这可是皇帝住过的地方！我可能是太世俗了，总想沾一点帝王气什么的，对这些迷信的看重超过了我对故宫的好奇。不管怎么说，我来到了故宫。

小学语文书上有篇课文讲的就是故宫，所以我们这些小学毕业生都对故宫中轴线甚是了解。"从天安门往里走，沿着一条笔直的大道穿过端门，就到了午门的前面……"我边走边回忆着课文，还摸了一下皇帝可能碰过的赤红色大门。我很满足，就是门有点脏。

我幻想着，憧憬着，不知不觉已经过了午门和太和门，到了太和殿。太和殿不得了，是故宫最大的殿堂，还是皇帝举行重大典礼的地方。事不宜迟，快去沾沾帝王气！

哇！有条"走道"被栏杆保护住了，那肯定是皇帝的专属通道！我向爸爸妈妈挥挥手，拉着伙伴们穿过熙熙攘攘的人群，向那儿挤去。我尽最大的努力俯下身子去碰那有汉白玉雕刻的栏板。可是仔细一想，皇帝怎么可能从这里上去？难不成是爬上去？每次遇上这样的路，我都条件反射地爆出一句：

"这是皇帝走的路？"团长开玩笑地说："这是太监走的路！"正当我被自己的愚蠢吓到的时候，别的小朋友都很有文化地去找日晷了。好吧，我不能再这样了。

我开始严肃认真地欣赏故宫建筑，虽说知道皇帝的家肯定不一般，但是看到那龙椅散发出的金光，听到讲解器里说地上的砖堪比金砖时，我还是好羡慕皇帝们和生在帝王家的人哪！听着讲解，我仿佛想象到了乾隆皇帝请长寿老人吃火锅的情景。多么真实啊，就是发生在脚下这块土地上的事，只不过是在很久很久以前。

然后我们来到了钟表馆，里面展出了各种或精致美观，或气势磅礴，或小巧玲珑，或粗犷大气的钟表。"哇，这个钟好大！都可以住人啦！"我开玩笑地指着入口处的大钟说。"天哪！"同伴附和着。这些钟表的每一个零件都极其精美，我们由衷赞叹着钟表师的技艺。"以前的皇帝该多么有钱哪！"我羡慕地赞叹。"也许，正因为皇帝把心思用在这些小东西上，清王朝才灭亡了吧。"小希的话似乎很有道理。

后来，我们去参观珍妃井。想起珍妃的故事，不禁感叹：何必生在帝王家！这么一来，又把我那浅薄的羡慕给击碎了。是啊，过去住在这儿的人们生活是多么锦衣玉食，但只有寥寥数人能够真正幸福并善终。与之相比，还不如在当今世界做个幸福的孩子呢！毕竟，我还可以和好伙伴们嬉戏打闹，可以在学校里学习，可以有好的生活条件，居住在深宫里的人们却没有自由，生活单调。

出了故宫，有一种怪怪的感觉，感觉摆脱了那种深宫里的压抑。"旧时王谢堂前燕，飞入寻常百姓家。"宫中有的生活，我们也有；宫中没有的生活，我们也有。从帝王家逛一圈回来，我又是那个活泼的女生啦！

点评：许悦同学带着自认为"很世俗"的想法，走进了过去的帝王家——如今的故宫。摸着皇帝可能摸过的门，踩着皇帝曾经站过的地方，她感到很新奇，也很满足。她以这种真实的心理，写出了"穿越"一般的真实情感。最真实的情感，是动态的，而不是静态的。写出这种动态的内心世界，是她成功的地方。作者大致经历了"好奇—羡慕—感到愚蠢—不如活在当下"

等情感变化——她逛这一圈的收获，读来让人感同身受！

品质专题

创造力来自对事物的分析、鉴别、判断，来自对事物的批判性思维，进而剔除事物的糟粕消极一面。大量积累通过判断、批判而吸收的事物的精华，量的积累，厚积薄发……在批判旧事物中发现新事物，在批判旧世界中发现新世界。

什么是批判？第一，怀疑；第二，求真、求证；第三，肯定对的、否定错的。

你得到什么启示？

我的作文写的是真事吗？真实情况到底是怎样的？改掉不真实的，突出真实的。

教学杂谈 适度饥饿才是最健康的状态

养生学上说人要七分饱。我并不懂其中的道理，但我知道人在饥饿的时候，吃什么都是香的，那情形甚至可以让我们用一生去回味。

当我们紧绷着脸行色匆匆地走在路上的时候，孩子却不时抓住我们的衣襟，让我们看一只鸣叫的鸟，看一树刚开的花，看一池被风吹皱的水，为什么面对这些让孩子惊艳的事物，我们总是那么迟钝？因为我们满脑子想的是赴约、购物、上下班、接送孩子、料理事务。

所以肚子不可填得太满，脑子也不可填得太满。有时缺失、遗憾、未知，何尝不是孜孜以求、欣然前往、跃跃欲试的动力呢？

怪不得诗歌那么美，那么有魅力，因言少，故意丰。读"何当共剪西窗烛，却话巴山夜雨时"，想象相聚的夜晚，会是怎样的情境？任你想一辈子也想不完满，于是永远都觉得它是那么美，就像只在我们的想象中存在的维纳斯女神的手臂一样。

其实这是以普通人的智慧都能懂得的道理，然而人们面对自己越深爱的

第十五讲　做个有趣的人

人，就越是要犯糊涂。只要孩子还肯张开小嘴，谁能忍住不往里面塞食物？只要你能做出三句话的评判，谁又能吞下一句话不说？于是孩子因我们而不再饥饿，从而也不再有想象的空间和探索的乐趣。

东晋谢安是个能狠心让孩子"饥饿"的人。一日家庭聚会，谢安问孩子们，怎么来描摹雪比较好呢？哥哥说"撒盐空中差可拟"，比作空中撒盐应该还差不多吧？妹妹说"未若柳絮因风起"，不如比作风起时飘飞的柳絮。谢安听后笑而不答。

我特别喜欢故事结尾谢安的态度。换了我们，应该会分析哥哥的比喻不足在哪里，妹妹的比喻又如何贴切。效果有何不同呢？说得太满了，这一页从此就翻过去了，无非就这么回事，再坏一点，哥哥从此被贴上了不如妹妹的标签。谢安笑而不答，兄妹没分出高下，此后两人都会分外留意下雪的情形。

许多时候，我们都可以学学谢安的智慧。有家长问，孩子书倒读了不少，就是看后讲不出个所以然来。我说，没关系，"好读书，不求甚解"，要的就是见字就想看、见书就想读的状态，你非要让他说明白所以然，孩子以后就害怕读书了。孩子们最喜欢问，这篇作文怎么开头啊？我说你要是不知怎么开头，就别去想这个开头，直接将要写的话写出来就行，怎么写老师都爱看，老师写东西写得最酣畅的时候，就是没去想要怎么写的时候。本来有一肚子话要写的，如果硬是要被开头、中间、结尾、过渡、铺垫等等肢解得七零八碎，换谁也无法下笔了，就是下笔写出来了，也不再是心里想的那个意味了。试想，你将瘦肉、肥肉、肠衣分开吃，还有香肠的味道吗？想太多和不去想，结果都不理想，就像吃太多和不进食都不利于健康一样。

适度饥饿才是最健康的，养生如此，养心更是如此。

作文的源头
——流动的书本和有字的生活

第十六讲　读写品质的得与失

要了解孩子是否有读书的潜质，不能仅看孩子的语文成绩。下面这份语文素养测评表，也许能为我们正确引导孩子读写提供重要的参考依据。

阅读数量

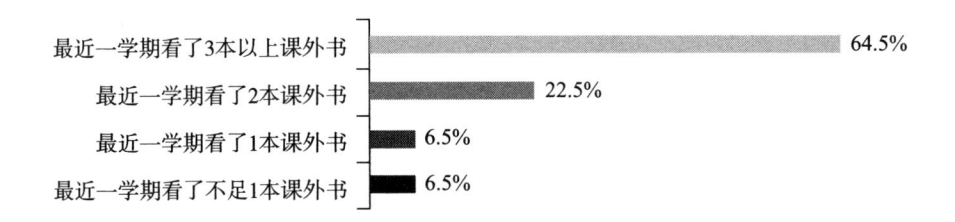

项目	比例
最近一学期看了3本以上课外书	64.5%
最近一学期看了2本课外书	22.5%
最近一学期看了1本课外书	6.5%
最近一学期看了不足1本课外书	6.5%

阅读习惯

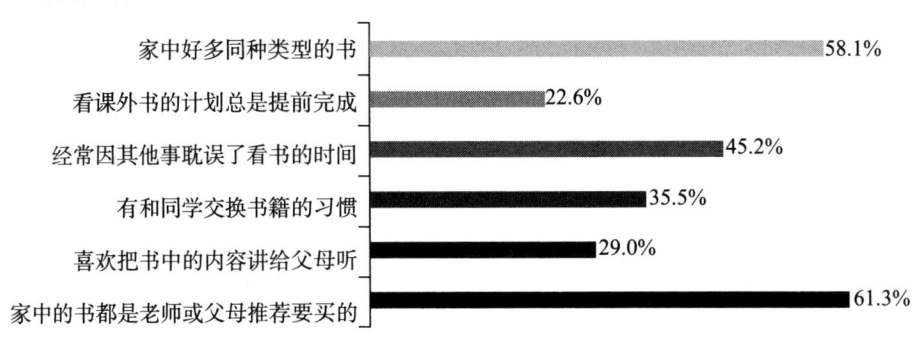

项目	比例
家中好多同种类型的书	58.1%
看课外书的计划总是提前完成	22.6%
经常因其他事耽误了看书的时间	45.2%
有和同学交换书籍的习惯	35.5%
喜欢把书中的内容讲给父母听	29.0%
家中的书都是老师或父母推荐要买的	61.3%

写作态度

- 周末作业有作文时总是先写作文　22.6%
- 总是等到所有作业做完才来写作文　74.2%
- 作文任务经常不能按时完成　3.2%

写作习惯

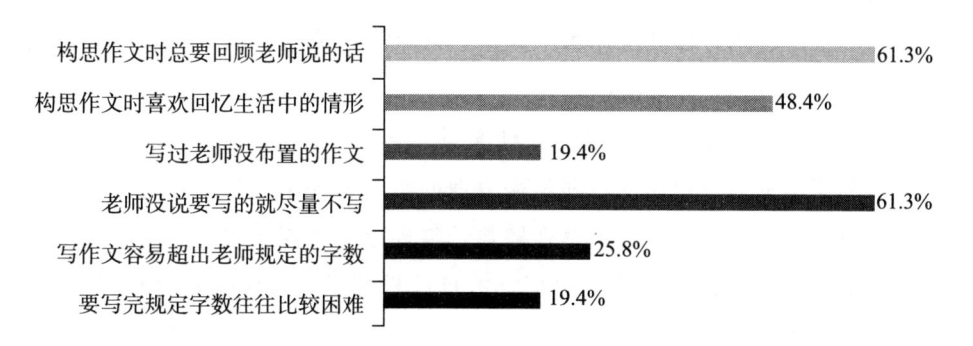

- 构思作文时总要回顾老师说的话　61.3%
- 构思作文时喜欢回忆生活中的情形　48.4%
- 写过老师没布置的作文　19.4%
- 老师没说要写的就尽量不写　61.3%
- 写作文容易超出老师规定的字数　25.8%
- 要写完规定字数往往比较困难　19.4%

一、可喜的方面

孩子的阅读量跟得上（跟社团的兴趣方向有关，不能代表全体学生），有六成以上的孩子最近一学期读了3本以上的书。半数以上的孩子找到了阅读的兴趣点，他们家中有好多同种类型的书，可能是喜欢上了某个作家的作品，可能是喜欢了某方面内容的书籍，这都比还完全没方向要好。

二、有待努力的方面

自由度、参与度、自主性严重不足。六成以上的孩子书本来自老师和家长的推荐，如果让孩子自己去书店挑书，这会好过老师、父母代办。挑书的过程，是孩子与书籍接触并进行浏览、比较、选择的过程，没有这一过程，读书会少去很多快乐。除了老师要重点讲解并引导孩子精读的书籍，孩子还需要有自己挑选来的书籍。

读书的时间容易被其他事务占去，说明对书本喜爱的程度不够，只是听人念叨多了才读书的。真正爱读书的孩子，是常因读书而误了其他事，而不是相反。

读书还没有成为生活的一部分，不足三成的孩子能将书本上看来的与父母分享。如果孩子能讲点他从书上看来的东西，父母一定要保护并鼓励，因为这说明他读书已经向深处、细处发展了，并且能初步将书本与生活联系起来了，他不是在读死书，不是为了完成任务而读书，读书已初步改变了他的生活。

在写作上的表现很被动，六成以上的孩子毫无表达的欲望，完全是老师要他写才写，而七成以上的孩子总要拖到无法再拖时才会去完成作文任务。六成多的孩子自认为自己写作水平偏低，甚至有两成左右的孩子认为要达到老师规定的字数都是非常困难的事。

孩子读写品质不佳，根源在于对读写缺乏正确认识，根本无快乐可言。绝大多数同学拿到一篇作文，都是竭力地回想老师要求怎么写，这样无形之中就给自己上了绑，是戴着镣铐在跳舞，舞姿怎么可能优美呢？少数同学懂得了生活才是写作的源泉这一道理，给自己松绑了，写作就是自我需要了，而不是一件被迫的事了。

三、了解更多

阅读的最佳境界是让阅读成为生活的一部分，终极目的是养成习惯和品质。阅读成了生活的一部分，就好像饮食和睡眠，是不可或缺的，且是愉悦的。阅读能使人注意力更集中，思维更活跃，人格更完整、独立，最终改变的是一个人的生活品质。衣服和化妆品不能解决的，父母和老师无法帮你的，阅读却可以。阅读，是可以长期为我们提供智力支持和心灵观照的良师益友，要做好终身相伴的准备。

那么作为老师和家长，我们该为孩子的阅读做点什么呢？

不要将阅读当成一件很功利的事，不要将阅读和语文成绩联系在一起。过于强调阅读的功能，反而削弱了阅读的功能。就像吃饭，如果一定要说哪种食物对什么脏器有益，哪种食物应该吃多少克，隔多少小时才能进食……天哪，还有胃口吗？我们都知道吃东西对身体有好处，但如果不忘掉种种好处，我们就不可能愉悦，如果不愉悦，我们又怎么能健康？

就像不要指望一顿吃成胖子一样，我们也不要指望孩子读了哪本书语文成绩就提高了。否则肯定要失望，一失望就可能要放弃。其实只管读就好，读到让自己高兴，那就说明已渐入佳境了。

四、阅读的方法

阅读有跳读、粗读、细读之分，一味地坚持任何一种方式，都不是阅读的好习惯。

跳读：别小看跳读，那其实是阅读的大境界、大格局。我需要的地方细读甚至摘抄，我不需要的地方就直接跳过，让书本为我所用，而不是我被书本所困。除了在火车上，除了便秘，我想很少人会将一张报纸全部看完。当然，也可能是看不懂而跳读。小时候我们拿起一本书，可以拣少数几个认识的字来读，全文意思不知道，但还是乐此不疲，这种状态其实特别好。而有些孩子被大人折磨坏了，遇上不认识不理解的字词，一定要查字典，这是极坏的习惯，这样容易得强迫症。现在语文高考的文言文和英语的阅读文段，命题老师一定是给考生设置了阅读障碍的，如果你不会跳读，不会绕着走，那很可能"死"在半道上。平常读书是可以查字典的，但也不妨先做个记号，等读完全文再理会。一步三回头，是极坏的阅读习惯。

粗读：没有粗读，就没有阅读量，没有量变，就不会有质变。对一些刚接触的作家作品，我们抱着试试看的心情粗略读下去；对伸手可及的书，不管好不好，都可以拿来随便翻翻；来到书店，不可能见书就买，没打算买的书可以现场翻阅。粗读可以扩大我们的阅读面，可以让我们对各式各样的书不排斥。有的孩子对阅读不感兴趣，而粗读对培养兴趣很有帮助。兴趣的产生都必须经过接触、发现、筛选这几个过程，不大胆去接触，兴趣就不会产生。

精读：也可称为深度阅读，是经过跳读、粗读之后，发现正合自己口味或正是自己所需，于是一读再读。精读的书不要泛滥，但必须有。对没有精读习惯的孩子，就特别需要老师和家长引导了。注意是引导，不是强迫。和孩子一起聊聊书中涉及的话题，提出几个能引起深入思考的问题，在不知不觉中，精读的习惯就会养成。

第十七讲　如何给孩子定制书单

许多老师、家长都会给孩子定制书单，这本是好事。可现实中事与愿违的情况也时有出现。有的家长一放假，就给孩子列了一大串书目，有的还是在"高人指点"下最后敲定的，书肯定是好书，可孩子不爱读，或是为了完成任务，东抄西摘几个句子权当"作业"应付了事，做了个伪阅读者。相反的情况是，老师、家长一味要求孩子多阅读，却不告知读什么书，孩子又完全没自己的主张，结果也是只打雷不下雨。我以为老师、家长完全包办或放手不管，效果都是不好的，可以采取指定和自主选择相结合的方式。指定的是必读的，其他是根据孩子个人喜好选读的。

曾给一个三年级的孩子开过一份书单，根据孩子的情况，可以从小学读到初一。并不是说这个孩子多年只看这几本书，而是建议他这几本书要列入阅读计划，重点阅读。理由如下，供参考。

一份私人定制的书单

1.《爱的教育》

这本书从孩子的视角来看世界，里面写的是孩子们熟悉的生活，也是至真至美的生活。孩子的心灵窗明几净，尚未准备好容纳任何污渍。先读这本至真至美的书，旨在让孩子们在人生的起点上，多去发现美，感悟美，从而点燃对生活、对世界的热爱之情。另外，小学阶段必须接触一本国外的书，让他们从小放眼世界。

2.《朝花夕拾》

这也是一本以写少年儿童生活为主的书，但书中多了一些不那么简单美好的音符，比如孩子的天性与成人世界的矛盾，现实生活与孩子的美好愿望的落差，真善美在现实中的遇挫、抗争和修复，等等。读这本书，可以让孩子们学会思索，选择，自我完善。另外，阅读过程中会遇上一些语言障碍，消除障碍的过程，恰是阅读能力提高的过程。

3.《呼兰河传》

书中写的也是童年的美好，但细读之后又会感悟，这是作者在苦涩中品咂出的美好。幸福是对比出来的，悲悯情怀是成长中培养起来的，孩子们到了该迎接生活的一切恩赐的时候了。

4.《边城》

本书不再单纯地写孩子的世界，里面也写了老人、中年人和青年人。与《呼兰河传》类似的是，作者同样善于在不幸的年代看到美好的人性。如果说生活离不开温暖和诗意、安慰和激励，那就不能不读这一本书。

5.《活着》

当孩子们学会追问人生意义的时候，或许各种挫败感已悄悄来袭。生活不再只有美，也会有丑；不只有得，也会有失；不只有战胜，也有妥协……我们再也无力交给孩子他们想要的任何答案了，还是让他们自己去阅读吧。活着本身，就是活着的意义——这是本书给我们的每个人都需要的答案。

6.《三体》

孩子们到了该了解更悠远广阔的时空的时候了。世界不只有地球家园，也不只有昨天和今天。你的眼里和心里装得下越多，你未来的可能性就会越大。读书带给我们的，就是更多的可能性。

教学杂谈　书评是书面形式的对话

学生怕写书评，甚至因为要写书评而怕读书。为了消除学生的畏难情绪，我给了书评另外一个名字，叫"对话"，写书评，就是和书的作者、和书中的人物说些心里话。老师可以组织学生先来一次聊天：你最想和书中的哪个人物交朋友？你欣赏他哪些方面？你对他有些什么建议？如果你给作者写信，会对他说些什么？

无非将"写"这个字眼换成了"说"，然后设计一些有启发性的问题，可能摆在学生面前的难题就变得容易一些了。例如学生阅读了我写的《男孩的耳朵》，然后聊起上面的话题。

有的学生说：同学和老师首先要批评，每天相处，却还不相信男孩的能力，一个人得不到信任，这是多么绝望的事。

有的说：家长朝夕相处都不相信自己的孩子，这怪谁？应该怪整个社会！

有的说：我想给男孩写悼词，首先佩服他的特殊能力，其次要颂扬他的勇气，他有努力冲破重重阻力的勇气，当然他失败了，所以还要表达我对他的同情，我还要借这种同情批判这个毫无信任感的社会！

……

思路一打开，这篇书评就不那么难写了。

我有个学生为我的许多作品写过书评，且已经达到了较高水准。下面附上一篇胡佳莹同学的《关于叶、木和本的思考》。

范文：

关于叶、木、本的思考
——读葛成石《木叶落》

胡佳莹

这是一篇极具魅惑力的中篇小说。题目乃文眼，题好一半文。《木叶落》，给读者第一印象该是一篇写景佳作。然而不是。

小说的主人公是卜贝生，他因坚持讲真话，而遭遇了种种尴尬，甚至因此被迫退学、失业，最后差点惨死在一个闲置的车库里。作为读者，我十分佩服作者对生活的敏感度和洞察力。老实讲，就题材而言，大家都身临其境，感同身受。换句话说，我们每个人都被谎言包围着：手机诈骗防不胜防，假冒伪劣见怪不怪，法定假日召回加班，五星评分心照不宣，接受检查上下一心、高度"默契"……我们长期身处这样的环境，以致麻木不仁，似乎这些虚假该称作"人之常情",不接受、不迎合反而要被认为迂腐、不成熟、存心搞事、书卷气太重,甚至像卜贝生一样落个众叛亲离的下场。作者将这些社会现象,以卜贝生这个青少年的视角反映出来,并由此上升到呼唤诚信、坚守初心的境界。但在作者看来,这境界不算"高",这是为人的底线!这就是我们一般人能想到,却写不出的,这正是我佩服作者的原因。

在我眼中,卜贝生不仅是小说的主人公,更是所有诚实守信的人的缩影。有这么一个事例,就发生在我身边。某中学是当地名校,升学率一直居高不下,而升学率背后,却是违规补课。该校某宿舍6个男生匿名举报后,被校领导广播警告批评。接着,更令人惊骇的是,事发后一天,学校下发了一份责任书,全校学生人手一份,大概内容就是不许打电话举报,否则记大过或劝退处分。诸君可知,那6个学生就是卜贝生的生活原型!他们的所为,就是在守住诚信底线!不能只看到他们给学校带来的麻烦,更应该看到他们才真正在践行着学校德育课的内容,真正在勇敢地捍卫着社会主义核心价值观!教育者这一通广播下去,等于在告诉这些被教育者:上面的政策文件是错的,我们撒谎是对的!

许多家长、老师还满脸疑惑:为什么孩子这么爱撒谎了?明明教了他们做人要诚实的!可他们想过没有,多少孩子生平第一个谎言正是父母、老师教的!在出行旅游时,父母教孩子"别站那么直,跟那个阿姨说你身高没到,不用买票";领导来学校检查时,老师教学生"记住了哈,我们是上了美术、音乐课的,你们要按另一张课表回答"。父母省了钱,丢了孩子的美好品质;学校检查过了关,也以行动宣告了教育失败。这些现象在生活中并不罕见,可怕的是人们皆习以为常,没人去追问;不妨设想,真要去追问,结果会怎样呢?估计得到的会是一个很老成、世故,又具有无限优越感的回答:"不都这样吗?真——是的。"语气中暗含的意思是:真幼稚,烦不烦啊。

难道真的只能如此?说到这个问题,又不得不佩服作者了,他假借主人公的心思写道:"与叶相比,木更重要;与木相比,本更重要。一片叶子黄了,有什么必要去掩饰呢?根坏了,生长才会是一件绝望的事。"有些难以避免的不良现象,不过是黄叶而已。叶子要黄,是自然规律,为什么不能如实说?为什么要用谎言去开启一个恶性循环的通道?这,大概就是作者对叶、木、本的思考吧。

第十八讲　领进一扇门，再打开一扇窗

——打开书本和生活的通道

有一回给高中生放了一部影片，名叫《黄金时代》。影片介绍了作家萧红短暂的、颠沛流离的一生，同时也让20世纪30年代的进步作家几乎来了一次集体亮相。看完后，我告诉学生，其实我们读到的许多文章，有限的文字背后，都还藏着一些不寻常的人生故事，比如为什么萧红能将寒冷和饥饿描写得那么好？刚才你们从影片中看到了，她有过那样的饥寒交迫的经历。我还跟学生说，看了影片后你们是不是发现，我们从语文、政治或历史书上读到的许多词句，都不再是冷冰冰的东西？比如左翼作家联盟，比如"独立之精神，自由之思想"……这些词语都是立体的、鲜活的，是有温度的。这时有一个学生说："你告诉我们这些已太晚了，如果早几年了解，也许还有点用。"

这个学生说了实话，我发现他们中不少人都存在习惯了死记硬背的问题。比如问到"之"的用法，学生能将最长的那条解释背下来：用在主谓之间，取消句子独立性，无意义，可不译。我曾经以为学生真懂了，后来才知道，他们根本不理解什么情况叫作主谓之间，为什么要取消句子独立性，如果不取消句子的独立性会怎样。虽然我们一遍遍地强调，高考题并不是考死记硬背的，但没办法，学生早已习惯了。

每接到一届学生，我都会先考他们一个问题：什么叫"语文"？但至今还未遇过一个学生能回答。所以我认为我们教育的最大问题是，给孩子服务得

第十八讲　领进一扇门，再打开一扇窗

太周到了，只要可能来考的，都在课堂上讲过了，都让孩子在书上画下来了，孩子太信任我们了，导致的结果是孩子在学习上没有了好奇心，没有了质疑和探索的精神。

从小学到高中，每天面对"语文"二字，却能忍得住不去查一查为什么叫"语文"，这会是孩子的天性吗？我认为不是，是因为我们一次次地告诉过孩子：别问那么多，这个问题考试不会出现的，你别老是插嘴，就你们这一组纪律最差，把这句话背下来明天要提问，这次的考试范围是……我们几乎步调一致地向孩子传递着一个信息：你不需要费脑筋的，把大人的话记牢了就行。于是我们常常可以看到这样一幕：老师说答案是"3"，孩子们就记下"3"；老师说，哦，不对，应该是"4"，孩子又把"3"擦去了，改成了"4"。教室里除了纸和笔弄出的声音，就只有孩子吸鼻涕的声音了。异常的平静，可怕的平静。

有句老话叫"师傅领进门，修行靠个人"。然而我们许多人越来越逞强，越来越功利了，我们以为并不需要将孩子领进什么门了，把孩子需要的东西，直接取出来交给孩子就是，至于这件东西是从哪间屋子里取出来的，怎样才能取出来，好像根本不重要。可是，孩子总会遇上要自己去取这件东西的时候，那时就傻眼了。学习上习惯了死记硬背的人，就经常会有这样傻眼的时候。

将孩子领进了一扇门，还要记得再给他们打开一扇窗。一间屋子没有窗，孩子看见谷子就是谷子，看见铁钉就是铁钉，看见木头就是木头，这些东西在他们眼里只是冷冰冰的存在。如果有一扇窗，孩子就会看见稻田，看见矿山，看见森林，就会慢慢懂得谷子、铁钉和木头背后的那些或辛酸或浪漫或传奇的故事，就会觉得这间屋子是那么有意思，那些原以为冷冰冰的东西，其实是立体的、鲜活的，是有温度的。就算某天屋子里的东西用光了，他们也知道该怎样去创造屋里的一切。

《呼兰河传》中有这样几句话："黄瓜愿意开一个谎花，就开一个谎花，愿意结一个黄瓜就结一个黄瓜。若都不愿意，就是一个黄瓜也不结，一朵花也不开，也没有人问它似的。"也许有人读到这里会非常冷漠，这一页翻过

去，就再也不记得有这样的句子了。为什么会这样呢？就是因为没人给他打开过一扇窗，这些文字对他来说就是冷冰冰的存在；如果看了电影《黄金时代》，情形就变了，就知道《呼兰河传》是作者在历经颠沛流离、坎坷艰辛之后写的，就知道在那种境况下，黄瓜愿意怎样就怎样的生命状态，在作者看来是一种怎样的奢侈，是多么值得咀嚼回味，它为作者最后一段生命旅程带来过怎样的精神慰藉。给学生放电影，就是想给他们再打开一扇窗，让他们知道每一页书、每一行文字，都是立体的、鲜活的，是有温度的。

给孩子的每一次机会、每一个平台，都好比是通向屋子的一扇门；给孩子提供的每一件看似无关紧要的事物，都可能成为一扇窗。领进一扇门，再打开一扇窗，这就是我们可以替孩子做，也应该去做的事。

第十九讲 "三读"生活之书,一改作文顽疾

——细读·发现　品读·体味　悟读·升华

一、现状:写"新八股文",作文模式化

许多学生写的作文平淡寡味,结构格式化,人物脸谱化,情节概念化,思想口号化。比如表现孩子的高兴劲儿,大都是"一蹦三尺高",高呼"哦,爸爸回来喽!""哦,穿新衣服喽!"仿佛孩子都是从一个模子里刻出来的,毫无个性可言。描写春天的文章,用得最多的词句就是"阳光明媚,春暖花开",到底要写北方的春天还是南方的春天,早春还是暮春,似乎都不在考虑之列。为何作文越来越模式化了?追根溯源,大概是"搬"和"套"的功夫在害人。

如何才能让学生作文平中见奇呢?我以为,仅读几本有字之书是不够的,还应多读生活这本无字之书。有字之书虽然也取材于生活,但那往往是过去的生活,是静止的生活。学生若是只从书本里获得知识,就像一个人喝着十年不变的发酵了的臭水,呼吸着十年不变的发霉了的空气,必然吐纳不了鲜活的气息,创作不出鲜活的文章。语文教师要想方设法让学生享受今日的生活,抒写今日的情怀,写出个性化的文字。

我曾布置过一篇"_____的雨"的半命题作文。有一篇题为《夏天的雨》的文章,文从字顺,辞藻华美,但如果拿来作范文,我总觉得还少了些什么,因为此文除了文字功底较好外,和其他文章相比,再无高明之处。

烈日当空的中午，车水马龙的街头升腾起一股股热气。柳树像病了似的，叶子挂着层灰土在枝上打着卷；枝条一动也懒得动，无精打采地低垂着；蝉儿在树上唱着无聊的歌曲；狗儿在门口吐着鲜红的舌头。

突然，一阵风吹来，天边浮起了几朵乌云。接着，狂风大作，墨云遮盖了半边天。下雨了，豆大的雨点从天空中劈头盖脸地砸了下来。我拉开窗帘，雨水瀑布似的顺着玻璃倾泻而下，密集的雨点在狂风中一会儿向东一会儿向西，全没了主张，任凭摔碎在路面上、淹没在大江里。天地间仿佛重又混沌不开，仿佛重又硝烟弥漫……

雨越下越大，花草都耷拉着脑袋，被雨点"打"得一点儿也没精神了。宽大的公路快变成了小河，每当汽车开过，溅起的水花就像两只手向两边伸开。你瞧，家家户户的屋檐，都像挂着珠帘。珠子越来越多，越来越密，一会儿，就成了瀑布了。大树爷爷在雷雨中挺立着，雨水顺着树干流下来，好像大树爷爷哭了。花草树木们贪婪地吮吸着大地的乳汁，好像在说："真甜啊！"

夏雨来得急，去得也快。正如我所料，眨眼工夫，雨点已经小了；再过一会儿，烟也消云也散了。天空比下雨前更明净、更清澈了，好像刚擦洗过的镜子一般。当你正陶醉时，还有更美的一幕在等着你呢，你瞧，"赤橙黄绿青蓝紫，谁持彩练当空舞"，那不是雨后彩虹么？那不是伟大的奇观么？

看得出，作者是读了一些书的，也积累了一些书本知识，至少他记住了《在烈日和暴雨下》《海上日出》里面的一些句子，也记住了毛泽东一两句诗词。但全文不过是佳句集锦、旧文荟萃之类的东西，毫无个性可言。考虑再三，我最后还是拿它当了特殊的"范文"。作文课上，我念完此文，先肯定了它的优点，再提出这么一个问题：你一会儿写街道旁，一会儿写屋檐下，一会儿写江面上；一会儿是车马，一会儿是蝉儿、狗儿……你这幅夏雨图，到底取材自哪里？这位同学一听，自己也傻眼了。许多同学都易犯这样的错，只顾掉书袋，却忘了简单的生活逻辑。

二、尝试：借生活之书，教写作之道

我要求学生都对自己的作文提三个问题：第一，联系生活实践，问一问自己，你写的是哪一个（或哪一次、哪一种）？第二，回想生活场景（或经历、体验），"这一个"与另一个有什么联系？第三，现在让你重新审视当时的生活场景（或经历、体验），你有什么新的发现或感悟？比如对《夏天的雨》"范文"作者，我是这样启发他的：你到底要写记忆中的哪一幅夏雨图？这位同学说，给他印象最深的夏雨，是在地处城郊、江边的住宅里看到的，那天急着去办事，没想到并没有耽误他多大工夫，那雨来得快也去得快。我又问：和你其他时候看到的有什么不同？他说那天的雨特别爽快，不像春季一样，每天都揣把雨伞在身边。他照此思路写下来，果然有了他眼里的夏雨的独特样子。我再启发他，表现夏雨的特点，除了关注它本身，还有无别的角度？能不能多点生活细节？从中还有无新的领悟？经过几次修改，以及我对本文的再加工，最后成文时，和初稿相比可谓"面目全非"。全文如下：

午后，我怜爱地看了一眼养在阳台上的花草，心里对太阳说：算你毒！这种鬼天气，谁都慵懒得不想出门，我将双层的窗帘拉得严严实实，午睡去了。

睡得正酣，手机响起。看一眼号码，是同学打来的，我俩约好要去买球服的。同学说："外面雨很大，是不是换个时间好了？"我先是惊诧，接着脱口而出："没事儿，夏天的雨，下不了多久的！"我拉开窗帘，雨水瀑布似的顺着玻璃倾泻而下，密集的雨点在狂风中一会儿向东一会儿向西，全没了主张，任凭摔碎在路面上、淹没在大江里。世界仿佛重又混沌不开，仿佛重又硝烟弥漫！

那一刻我被震撼了！虽然我潜意识里就掌握了夏雨的性情，知道它来得凶猛去得匆匆，所以我才能对同学脱口而出，但每一场夏天的雨，都还是要让我惊诧，还是要让我震撼。知道它匆匆，却不知它如此之匆匆；知道它凶猛，却不知它如此之凶猛。它一点儿征兆也不给，午睡前还刻意将强烈的阳光拒之屋外呢，眼睛一闭一睁，它就翻天了！它也太镇定自若了，太胸有成竹了！如果换春雨或秋雨，都不知打了几遍的腹稿了，然后反复告诉人们：

"诸位,我要下雨了哦!"只有夏雨才如此不修饰不张扬不懈怠不看人脸色行事不给人喘息的机会!

正如我所料,等我走下楼去时,雨点已经小了;等我回家时,烟也消云也散了,江面上一叶孤舟也优哉游哉地荡开了。一切都恢复平静,它来过,却不刻意让人记住它来过。换了春雨,下了就不想收了;雨收了,雾也不愿散了;雾散了,水也开始涨了。在整个春天,即使太阳在,家人都不忘抓把雨伞追到屋外,嗔怪孩子道:"又忘带雨伞了!"是啊,春雨的目的达到了,它就是不要你忘了它。而夏雨不是,在最精彩的时候,你想再看?偏不,闪了!

人活着,能潇洒如斯傲慢如斯,也该让人叫绝吧!可是能数出几人?"君问归期未有期,巴山夜雨涨秋池",太缠绵;"春风桃李花开日,秋雨梧桐叶落时",太萧索;"行宫见月伤心色,夜雨闻铃肠断声",太悲切。真正有魅力的是夏天的雨,下得干脆,下得豪爽,下得泼辣,下得疯狂,下得酣畅淋漓。而能将个中滋味写出的,首推毛泽东。"大雨落幽燕,白浪滔天,秦皇岛外打鱼船。一片汪洋都不见,知向谁边?往事越千年,魏武挥鞭,东临碣石有遗篇。萧瑟秋风今又是,换了人间。"排山倒海之势,那才是生命的力之美!夏天的雨,不怕天不怕地,而少年时就喜欢风浴雨浴的毛泽东,更如夏雨一样踌躇满志,傲视群雄!好一场气势凶猛的夏雨呀!这万丈的豪情,哪里能容纳"一川烟草,满城风絮,梅子黄时雨"呢?

为雨当如斯,为人亦当如斯。

此文后来发表在《学生新报》2009年第30期,成了名副其实的范文。

三、总结:教授"三读"法,开掘写作源

总结作文教学经验,可归结为一点:读好生活这本无字之书,方能写出一段有字的生活。如何读生活,我归纳出"三读":一曰细读,二曰品读,三曰悟读。

1. 细读生活,发现个性

写到夏雨,大多数同学都会想到街道上、屋檐下;溅起的水花、挂起的

珠帘、雨后的彩虹……每个人的生活环境是有差异的，只因读过相同的几篇课文，就地不分南北，人不分长幼，都按一样的套路作文了，这样写作能出什么新意，能有什么个性呢？所以要逃出书本的束缚，要深入生活，细读生活。从修改稿中，我们欣喜地看到，小作者搜寻生活记忆之后，终于给描写对象找到了本来的生活情境：他在江边的家中，拉开窗帘，看到的是暴雨击窗、雨砸江面的情景。表现事物的角度也出新了，夏天的雨来去匆匆，修改稿是通过一系列生活细节来表现的：午睡前还诅咒过该死的太阳，被电话吵醒时却已大雨倾盆；接电话时还在下，走下楼去时雨点就小了；等办完事回家，早已烟消云散了。全文再没有东抄西摘那些现成的词句，却也刻画出了夏雨那磅礴恣肆的野性和改天换地的霸气。

2. 品读生活，尝出百味

写夏雨，却不囿于"夏雨"二字，春夏秋冬，世间万物，没有哪一种哪一件是孤立的。充分搅动起生活的积淀，笔下的文字就会更有生活质感。修改稿以春雨秋雨来反衬夏雨的特点，在对比中，夏雨的性情更能得到凸显；尤其是写春雨要反复打腹稿，宣告要下雨了，以及写春天里家长常要在孩子的书包里塞雨伞等生活细节，可谓"人人意中有，个个笔下无"，给人留下了深刻的印象。

3. 悟读生活，升华主题

如果只是停留于写夏雨本身，不管写得有多精彩，都显得立意不够高远。更高的境界是，由描摹生活步入体悟生活。雨和人，何其相似，有的豪爽泼辣，有的温文尔雅，有的尖酸刻薄。修改稿以人的性格写雨，以雨的形象写人，这样，雨就不再是自然意义上的雨了，它承载了人的情感，有了人的性灵，文章也就显得丰满多了，活泼多了。文末再引出一句感慨："为雨当如斯，为人亦当如斯。"卒章显志，升华主题。

但学生容易埋进书堆，忘了生活。景写的是书上有过的景，情抒的是书上有过的情，理讲的是书上有过的理。书成了生活的全部，这是很可悲的，应该反过来——生活全部都是书。书本是有字的生活，生活是流动的书本。生活又因其流动性，往往是转瞬即逝的。要让学生养成写日记、写周记的习惯,促使自己去细读生活,不要睁眼说瞎话;品读生活,将生活条分缕析,做到人与物、人与人、物与物的融会贯通;悟读生活,调动起所有感官,甚至来个浮想联翩。常读生活这本书,为写作开掘一条源头活水,这样方能使文章常写常新,个性张扬。

(此文原载《中学语文教学参考》2013年第3期)

第二十讲　怎样开好读书会

读书会，是读者与作者、读者与作品、读者与读者之间重要的交流方式。和个人埋头做读书笔记、写心得体会有很大区别。作品的多义性，留给了读者无限挖掘的空间。通过开读书会，碰撞思想的火花，会让同一块土地结出更丰硕、更多样的果实。开好读书会，还能在读者群体中起到激趣、启智、传帮带的作用。许多老师苦于无法培养学生读书的习惯，不着急，强制不是好办法，开好读书会，让学生参加读书会，学生的阅读习惯就会慢慢地培养起来。正面影响，会是教育的好方法。

如何开好读书会呢？我总结出以下几点，供同人参考。

首先是确立一个半开放的主题。假如完全不定主题，学生就会毫无方向感，他带着焦虑、恐惧去参加这样的活动，状态和效果可想而知。假如主题定得太死，又会造成毫无争鸣的空间，毫无挖掘的余地，一场毫无悬念的活动，又如何能让学生产生出兴趣？更别说碰撞思想火花。比如《边城》读书会，"一场关于美的对话"，确定的是"美"，不确定的是哪里美，如何美。

其次是做足准备。毫无准备的活动，现场气氛肯定不活跃，甚至要冷场。学生提前准备了，也许不是每个人都能在现场提问、答问，但一定有人能从中起到带动作用，起正面影响的作用。主持人、主讲人也要提前准备，要考虑用更多形式去触动学生，打开学生的思路。比如《边城》读书会中穿插的电影镜头。

最后是艺术性地评价。对于学生提出的不同见解，不要简单地定性其对与不对。所谓的"不对"，也许是与他人思考的角度不一样。你可以不认同他的答案，但要肯定他的思考角度，或许会有意想不到的收获呢。

读书分享会实录（一）：

我眼里的呼兰河
——《呼兰河传》读书分享会

环节一：播放电影《黄金时代》片段1

环节二：分享嘉宾对话1

葛：《黄金时代》反映了《呼兰河传》作者萧红坎坷的人生经历，看完后有什么感想？

周：有点难以置信，《呼兰河传》中那个活泼可爱的小女孩，会有这种人生经历，逃婚出来，又先后结了两次婚，年仅31岁就客死他乡，她还能写出那么美的文字来。

葛：这叫"文章憎命达"。如果没有这段坎坷的人生经历，也许她就是一个家庭主妇，平平淡淡生活七八十年或者上百年，而她经历了这么多坎坷，虽然她的一生只有31年，但如今她以她的作品活在人们心中，已经110多年了，而且还会继续活着。为什么她的文字不会感染上她的这些苦难呢？也许正因为她经历了这些磨难坎坷，回过头来看她的童年时代，反倒算是最幸福的时光了。

周：咱们在座的同学们一定对萧红的童年生活很感兴趣，是不是可以让她们来说说萧红美好的童年？

环节三：学生发言、朗读

关于《呼兰河传》的温馨、美好、自由。

环节四：播放电影《黄金时代》片段2

环节五：分享嘉宾对话2

周：看完后更加难以置信，原来《呼兰河传》是作者去世前一年多，在重病中写成的，刚才同学们将书中的内容描绘得那么美，真的难以和作者的真实生活联系起来。

葛：这就好比鲁迅说的，吃的是草，挤出的是奶。萧红在现实中的生活是悲惨的，她奉献给读者的却是温暖的。其实她反映的20世纪初的呼兰河，一样有着悲惨凄凉的一面，我们看看孩子们读后是不是认同这一点。

环节六：学生发言、朗读

关于《呼兰河传》的愚昧、凄凉、悲惨。

环节七：分享嘉宾对话3

周：呼兰河的人们确实很不幸，最低的生存要求都得不到满足，当然也有些是人为的，比如小团圆媳妇的遭遇，刚才你说萧红奉献给读者的是温暖的，体现在哪里呢？

葛：体现在作者对待这些人物的态度上。语文的考纲里有一句话，叫作理解作者的"情感、态度、价值观"。这本书反映出来的萧红情感、态度和价值观，是暖色调的。同样是面对苦难，有的是围观取乐、嘲讽奚落，就像当地人拿小团圆媳妇来取乐一样，就像当地人等着冯歪嘴子自杀一样，而萧红不是这样，她有悲悯情怀，她对小团圆媳妇有的是同情，对冯歪嘴子有的是赞赏。

周：确实是这样，冯歪嘴子敢于追求爱情，当他失去妻子以后，一个男人带着两个孩子，依然乐观地面对生活，读来给人温暖，给人鼓舞。

葛：在当时来说，这种温暖和鼓舞尤其可贵。人缺什么，往往就会强调着什么，萧红严重缺爱，所以她敢于追求爱情；严重缺自由，所以她笔下都是想怎么样就怎么样的自由的生命状态。生活教会了她去尊重每一个生命，感恩关爱她的人，积极地面对人生。这既是对自己的鼓舞，在战争年代，也鼓舞了很多很多人。

周：所以，其他作家都写抗战题材的作品的时候，萧红却选择了写回忆故乡的文章，影响却还更加深远。

附：学生发言

丑恶的呼兰河

张赟儿

你看过《呼兰河传》吗？你眼里的呼兰河是怎样的呢？在我看来呼兰河是丑恶的。

首先，我们来看看小团圆媳妇的故事。小团圆媳妇被人抓去洗热水澡时，那么多人不管不顾，只想看热闹。甚至有些人还去"做好事"，帮着往小团圆媳妇身上浇滚烫的水。当小团圆媳妇昏过去时，人们就开始说些同情的话，可他们真的可怜小团圆媳妇吗？不是，他们只是表面上装装样子而已，没有一个人会用实际行动证明他对小团圆媳妇的同情。当小团圆媳妇又醒来时，他们就又开始该打鼓的打鼓，该"吃瓜"的"吃瓜"了。

再看更可笑的故事。有哪个人投河或跳井了，他们也不舍得埋起来，非得放在那儿让全村人都看一遍，才舍得将尸体埋掉，好像这是一件很光荣的事情。不过，在丑恶的呼兰河人看来，有人自杀，是件多么令人"振奋"的事情，怎么能错过？

类似的荒唐事还很多。比如有二伯，因为穷，所以会偷些东西。这下好了，谁家少了东西，直接将"功劳"归到二伯身上就得了。又比如这里搞封建迷信的风气，认为在农历七月十五出生的孩子就不好，说那多半是野鬼托着莲花灯投胎而来的，如果这一天出生的女孩不改出生日期，就会嫁不出去。孩子多可怜啊，就因为是七月十五出生，就失去了宠爱，以及其他与别人一样的权利。

那时的呼兰河多么丑恶呀！或许是当时的人太愚昧的缘故吧！

美好的呼兰河（节选）

张嘉琦

祖父对萧红十分疼爱，不管有多大的事，他都那么平静。在祖父的花园中，有许许多多的动植物，蝴蝶想飞到哪里就飞到哪里；倭瓜想开几朵花就开几朵花，不想开花就不开花；黄瓜想长多高就长多高，就是长到天上去，也没人问它。萧红在园子里是自由自在、无拘无束、快快乐乐的，可以捉蜻蜓、蚂蚱，可以将水浇到头上，可以将狗尾巴草认作麦穗，祖父都不会骂她。我以为萧红的童年是孤独、忧伤的，没想到她的童年也有快乐的时光。

坚强的呼兰河（节选）
肖伊睿

今天的角色扮演，在我的心里深深地扎了一针。我扮演的是冯歪嘴子。冯歪嘴子成了家，要找地方住，于是来找祖父。祖父将磨坊给他住了。可是，掌柜的太太凶神恶煞般地来骂他，让他滚出去，还说他的老婆是"不干不净的东西"。然而，冯歪嘴子并不像那些人说得那样会过不下去。他的女人去世后，他带着两个孩子，照样好好地活着，还活得很有把握的样子。他没有上吊，没有自刎。他该担水担水，该拉磨拉磨。早上看到有人在井里挑水，他说："挑水吗？"看见卖豆腐的人从他门口过，他说："卖豆腐的为啥那么早啦？"他不知道大家用绝望的眼神看着他。他用坚强鼓舞了自己，也鼓舞着今天读他故事的人。

可怜的呼兰河（节选）
王俞童

在书中有许多故事都体现了呼兰河人的可怜。比如人们为了吃猪肉，只要便宜，连瘟猪肉都不怕。而且他们还死要面子地说：肯定是在村里的黄泥坑淹死的。要是小孩子说了实话，说猪肉是紫色的，猪肉是臭的，就会被大人骂一顿。从这里可以看出，他们平时都吃不上猪肉，所以才会为了吃猪肉而"奋不顾身"。多么可怜呀！

读书分享会实录（二）：

一场关于美的对话
——《边城》读书分享会

朱：我看到今晚的主题，忍不住想问两个问题。请先回答第一个，你上次分享的是《呼兰河传》，这次分享《边城》，两本书都是写咱们大中国的一个边远的小地方的，是出于什么考虑？

葛：你说得很对，其实两本书写的都可以叫"边城"，东北边陲和湘西小镇；除此之外，两本书都有一个爷爷和一个小女孩，他们孤寂又笃定地活在自己的世界里，让咱们现代人不禁感慨，生活其实可以如此简单而美好；还有，两本书都写于民国时期。我为什么分享这一类的书？简单点说是因为痴迷，民国在我眼里，是神秘、凄美、才华和守护等代名词，说得复杂一点呢，这两本书都赫然写在语文新课标指定的阅读书目里，学生们在以后的学习中用得上。但我更愿意你按简单的去理解，我们提倡去功利化阅读。

朱：第二个问题，你为什么将主题定为"关于美的对话"，假如等会儿要聊到的不是美的呢？

葛：《呼兰河传》中有美的一面，也有不美的一面，但《边城》中只有美，这是难得见到的没有反面人物的作品，谁要跟我聊书中的丑恶，我有理由不接受，聊天便无法继续。不过，将这场对话定性为"美"，并不束缚大家的思想，因为美的内涵、外延和形式，实在太丰富了。

环节一：播放《边城》电影片段

环节二：学生代表谈书中的环境美和习俗美

朱：我除了主持人，还有一个身份，就是做环保宣传，所以听了孩子们的分享，我很快接受了葛老师的观点，这本书确实太美了。但我知道文学作品中的环境，和我们环保中的环境是有所不同的。

葛：有相同之处，都是生态美，你说的环境主要是指自然生态，文学作品中的环境还包括社会生态。环境美，社会才美。作为小说三要素之一的环境，它有独特的功能，作家往往以环境美来映衬人性的美，社会的美，也就是艺术世界的美。但是，艺术世界也是现实世界的反映，不能美得不像人间，美要美得真实。再美的艺术世界，都是一群有七情六欲的人构成的世界。书中反映的这么一群人是美的，但他们也有烦恼，甚至有不幸，它不是喜剧，是悲剧。

朱：悲剧怎么能是美的呢？

葛：就像再美的环境都有尘埃一样，我们人体需要的氧气只占大气中的两成左右，但只要没有人为的破坏，就还是美的。我们所处的社会也一样，我们并不奢望它每天上演喜剧，只要人性没有被扭曲，没有欺骗，没有恶意的伤害，没有战争，我们就会觉得美好。翠翠的爸妈死了，他们是为了爱和名誉死的；大老死了，他是为了成全二老才离开家乡，翻船而死的；老船夫死了，他是带着遗憾自然死亡的……这些都是悲剧，但悲剧的根源不是战争，不是人心险恶，所以，这种悲剧就算是凄美的。

环节三：朗读环境美和习俗美的语段

环节四：有奖竞猜，朱组织，葛点评

环节五：学生代表谈书中的人性美

朱：听完孩子们的分享，我进一步理解了葛老师说的话，这是个没有被污染的地方，有着美的自然环境和社会环境。他们每个人都好像用了许多心思在为他人着想：翠翠想着要在家陪伴祖父，祖父想着要让翠翠去看划龙舟比赛；二老是先喜欢翠翠的，但他提出可以和大老一起为翠翠唱歌，大老不会唱，二老还可以帮他唱；大老是先向翠翠提亲的，得知二老也喜欢翠翠，他知道竞争不过，主动退出了竞争。

葛：当然，他们在为别人着想的同时，也为自己着想。大老、二老都为了追求到翠翠努力过，老船总顺顺希望二老娶王团总的女儿以便得到陪嫁的碾房，但是，他们为自己的同时，没有伤害别人，这就是真实又美好的人性。美要美得真实，如果面对翠翠，大老和二老相互推让，这就不叫美了，叫虚伪。所以，人性的美，不是要十全十美，只要你有了真心、真实、真诚，你在他人眼里就是美的。就如孔子说的，做个好人，并不是要你到处去救济施舍，你只要能做到将心比心就行了。"己欲立而立人，己欲达而达人。"

环节六：朗读人性美的语段

朱：不知孩子们会不会有这样的疑惑：本书写于军阀混战的历史时期，真有这么一方净土吗？这符合你说的真实吗？

葛：就像在环境污染严重的今天，如果我们到雁南飞去，到桥溪村去，依然会觉得那是一方净土，这是真实的。同样的道理，当时的社会现实是动荡不安的，但在偏远的川湘交界的茶峒，却完全有可能存在着质朴的民风民俗民情。另外，艺术作品是来源于生活，又高于生活的，为了给人更多的精神力量，作家不会去复制现实生活，就像萧红在战争年代写童年的家乡，沈从文写远离战火的边城，都是在告诉人们，这个世界有许多美好，等我们去发现和创造。读完，我们会感觉到不完美的生活中，依然是充满希望的。

朱：听完葛老师的分享课，你们是不是觉得看书的视角跟以前有所不同了？以前看书，记住的是碎片化的东西，现在不一样了，现在是站在历史、社会、人文等角度去解读，就像以前听人说一句话，就是一句话，现在你知道分析他在什么情况下、有什么前因后果才说这句话，这个过程，就是在长智慧。谢谢葛老师，我也长智慧了。

葛：谢谢静如，过奖了。我能理出一些对大家有用的东西来，只是因为在这件事上多花了时间而已。这些孩子也不能一味依赖老师，我希望他们也多花点时间去阅读，多花点时间去思考。

朱：嗯，我又明白了，其实一个老师能深得学生喜爱，这不是无缘无故的，背后一定倾注了大量心血。他们能做到不依赖老师吗？

葛：逼着他们去做到，也相信他们能做到。现实中往往不是他们做不到，而是我们不肯放手。

附：作文课的实践
——让教研成果进入寻常课堂

"作文与育人融合教学的校本课程研究"
课题组成员作品选

一、作文和生活——作文是有字的生活

"作文就是游戏"教学札记

房　妮

读了葛老师的《不妨这样教作文》这本教材后，受益匪浅。葛老师认为写作的源头应该是生活这本无字之书，写作应该是与自己的真实的内心紧密相连的；写作应该是把自己在日常生活中的真正所见、真实所思和真情所想写下来的过程；写作应该是以真实生活为源头的，要用心去细读真实的生活、品读百般滋味的生活和感悟生活中的真情实感，因为真实的生活就像是一本永远流动、永远读不完的书。

本课程设计源自《不妨这样教作文》之第二个板块"作文和生活——作文是有字的生活"中的第三讲"作文就是游戏"。

本节课教学设想：

创设游戏这个真实的生活情境，老师带领学生共同参与体验这一项活动，让学生把在游戏中所体验到的真情实感写下来。引导学生在读一本本有字之书的同时，也应该拥有一颗细腻的心去感知真实生活中的点点滴滴。

本节课的教学思路：

第一部分：设置第一个游戏——找一找。第一张图片请学生从四个色块中找出完全相同的两个色块；第二张图片中辨别这两个色块是否一致。从中引导学生思考：在不明真相的情况下，说出来的答案可能是错的，但是并没有讲假话，因为真和假跟对和错是没有必然关系的。

第二部分：真实的都可以写。课件里所积累的素材来源于学生的日常生活，有值得赞扬的"抗鼠小英雄""抗困小能手"，还有"雨天打球的勇士"和"还有早读时薅头发"的同学，引导学生思考：我们在写真实的生活场景时，这些不足和小错误反思后也可以写进作文里，写的目的不是宣扬它，而是抵制它。（预设好的后半句在现实课堂中完全忘记陈述出来了。）

第三部分：阅读《阿长与〈山海经〉》。通过两个问题引导学生结合具体事例分析"真的可以写，假的不可以写，有不足和小错误反思后再写"和"我"对长妈妈的态度"前后矛盾"是真实的吗？在这个部分有两个地方处理得不够理想，分别是：其一，第一个问题的重点落偏了，应该要把"有不足和小错误反思后再写"作为教学重点，以此引导学生思考第二个问题，这样的衔接过渡才能显得自然和流畅。其二，在讲完作者对长妈妈从"恨"到"敬"是不矛盾时，老师没有及时总结：之前讨厌长妈妈是真实的，之后产生"新的敬意"也是真实的。

第四部分：游戏二——心情大猜想。在创设游戏前先引导学生说出真实的心里话：其一，被人捉弄的心情会是怎样的呢？你还会做什么？其二，看到同伴被捉弄，你会有怎样的心情呢？台上学生轮流回答问题，老师趁机逐个拍拍学生的肩膀和后背，并顺手将便利贴粘在学生背上，上面分别写着：我是小猪佩奇、我是奥特曼和我是巴啦啦小魔仙。而后分享心情：事实上，你的心情是怎样的？被人捉弄后，你还会像你之前说的那样去做吗？

第五部分：总结领悟。之前讨厌长妈妈是真实的，之后产生"新的敬意"也是真实的。有的同学在恶作剧之前说假如被人捉弄，他会一巴掌呼过去，这是真实的，后来并没有这么做，他说"不敢做"，这也是真实的。世界是变化的，人的情感也是变化的，"前后矛盾"的情感也是真实的。

本节作文课，主要是老师带着初一（5）班和（6）班的同学一起玩游戏，所选用的素材也是源自他们实际生活中的真实记录，同学们积极参与课堂，共同体验了玩游戏的全过程，课堂气氛较为活跃，同学们也基本完成了学习任务。

通过这节课，同学们更加认识到作文和生活的紧密联系，更加深刻感悟到写作就是要写真实的生活，写内心的真实情感。作为一名语文老师，我也对作文教学有了更深刻的理解，要这样教学生：爱生活，爱阅读，爱表达；要这样教作文：重兴趣，重启智，重品质。这不仅是本课程"作文与育人融合教学的校本课程研究"的理念，同时，这也是葛老师的《不妨这样教作文》中的教学理念。

听"作文就是游戏"教学有感

陈彩玲

周四下午，房妮老师在图书馆报告厅为初一（5）（6）班的同学带来了一节精彩的作文课——"作文就是游戏"。房老师以其独特的亲和力和精心设计的有趣的游戏环节，指导学生如何在写作中真实表达。

课程一开始，房老师就以猜色块的游戏作为引入点，迅速点燃了课堂上的学习气氛。这个简单却富有深意的游戏旨在告诉学生们，虽然答案可能并不总是正确的，但重要的是要勇敢地表达自己的真实看法。这一点与写作中强调的真实表达理念高度契合。

接着，房老师通过学生身边发生的一系列鲜活的真实事例，如"抗困"、抗"鼠"少帅"英雄归来"、雨天打球的勇士等，来引导学生理解写作的真谛：真的可以写，假的不可以写，有不足和小错误的可以反思后再写。

为了让学生们更加深刻地体会真实情感在写作中的重要性，房老师设计了第二个游戏环节——心情大猜想。在这个环节中，几位学生被随机选中，体验了被人捉弄后的情感变化。他们的真实反应充分展现了内心的真实想法，也让学生们深刻感受到情境对于写作的重要性。真实的情境能够激发学生内心深处的情感，使他们在描述人物和场景时更加细腻、生动、逼真。随后，房老师指导学生们以写作的形式还原第二个游戏场景。这不仅是对所学知识的实践应用，更是对真实表达能力的有效锻炼。

房老师用游戏贯穿课堂，使学生在轻松中学习，于快乐中收获。学生们在课堂上学到的不仅仅是写作技巧，更重要的是学会如何将自己的真实情感和亲身体验转为文字，从而展现出真实的自我。

回顾整节课，我深切体会到了"真实"在写作中不可或缺的地位。很多时候，在作文教学中，我往往过于关注文采和技巧的传授，而忽略了作文最本质的东西——真实的情感和经历。正是"真实"这一要素，赋予文字生命和力量。只有真实地表达，我们才能摒弃那些"虚假、夸大、空洞"的内容；只有真实地表达，我们的文字才能深入人心；只有真实地表达，我们才能实现心灵的交流与共鸣。

真实表达，这不仅仅是对作文内容的基本要求，更是对学生人格的一种深刻塑造。鼓励学生真实地表达自己的情感和经历，有助于他们更深入地了解自己，勇敢地面对内心的真实。一个敢于并善于真实表达自己情感和经历的人，必然是勇于面对自我、敢于承担责任的人。这样的人写出的文字定会有真情、有思想、有力量。

学写作，从讲真话开始

葛成石

本课是校本教材"作文是有字的生活"这一板块中的一个课例。在课题"作文与育人融合教学的校本课程研究"中，本课的作文目标是让学生在作文中写出细节，写出真情实感，改掉"假大空"的写作陋习；育人目标是培养学生"求真"和"反思"的良好品质。

在传统的作文教学中，老师会不厌其烦地向学生灌输作文要有真情实感的理念——这无疑是正确的。但从实际效果看，学生对"真情实感"这个词已经麻木了，拿起笔来照样说假话，唱高调，言之无物，乐此不疲地重复他人、取悦老师。本课的设计和本书的整体理念保持一致，就是要去理论化，让学生在游戏中领悟什么是真，什么是假，为什么真的都可以写。

房妮老师的这节课基本上达到了预期效果。从学生的反应来看，他们整节课是愉悦且专注的，实现了学写作文首先要不惧怕作文的目的。从课堂结构来看，从展示游戏、体验游戏到分享游戏，"游戏"贯穿始终。在游戏中，老师通过适时小结，逐层深入地让学生领悟错误的、不足的，不代表是假的，在作文中错误的和不足的，只要是真的，都可以写，但要反思后再写。这时，老师再穿插《阿长与〈山海经〉》这篇范文，学生也就容易理解，为什么"我"讨厌长妈妈，还直呼其名"阿长"，这样的"坏孩子"的行为也可以写呢？因为他有反思，后来对长妈妈产生了"新的敬意"。

按校本教材要求，其实还要让学生领悟，"写丑和恶，是为了抵制它，而不是宣扬它"。比如房老师的课堂上通过图片展示了学生雨中踢球、上课揩辫子这样的真实情境，这时就可以顺势引导学生，不妨将这些大胆地写出来，会很有生活细节，就像《阿长与〈山海经〉》一样有童心、童趣，但要反思，要抵制，而不是去宣扬。

最后做游戏的环节是本节课的高潮，学生无疑是欢乐的。但要分享这种欢乐，就到了考验他们是否习得了说真话、善反思的时候。老师领着学生玩游戏，师生有了共同的经历，有哪些细节可用，哪些是真哪些是假，这是师生所共知的，这就为老师在引导学生讲真话这方面提供了便利。学生课后会如何通过纸笔分享欢乐呢？很值得期待。

学写作，要从讲真话开始。当你敢于大胆地表达了，敢于写出属于自己的最独特的感受了，你的作文才谈得上有真情实感，你也就开始从"搬运工"向"创造者"的角色转变了。

"作文就是猜测"教学札记

姚志松

课堂开始，以聊天打开局面，创设一情境：问体育委员是谁。之后将讲课时间缩减20分钟，猜测一问题：请学生猜测我们会用这些时间做什么。通过以上环节让学生打开话匣子，学生们也充分发挥自己想象，积极参与到话题中来，猜测可能出现的种种情况，不过此时学生没有将第一个问题和后面问题联系起来考虑，通过老师的提醒，学生很快将两者结合在一起进行猜测，让猜测内容更丰富和更有逻辑性。

而后大家共同学习同龄人的文章。学生通过学习，一是改变认为猜测不能成文的想法，二是学习文章中通过观察、联想和推理来进行合理猜测的方法。紧接着设置第二个情境：老师生气地将作业本拍在讲台上，老师为什么发这么大的火？让学生动笔写出自己的猜测，学生展示出自己的作品，老师进行点评。最后是布置作业。

这节课让我收获颇丰，同时也引发了我的深入反思。首先，"猜测"能够激发学生的兴趣、想象力和创造力。"猜测"为学生打开了一扇新的窗户，让学生能够更加自由地表达自己的思想和观点，不受限于传统的写作框架。在教学中，学生积极参与，充分发挥自己的想象力和创造力，尽力猜测老师抛出的问题，整个课堂气氛较好。

其次，这种教学理念在激发学生的想象力和创造力的同时，也对教师提出了更高的要求。因为在猜测过程中，学生会根据自己的经历做出猜测，使得猜测情况非常丰富。这就需要教师具备敏锐的洞察力，能够及时发现问题，并给予及时有效的指导。

最后，我认识到情境创设的真实与完整的重要性。这节课设置的都是学生日常生活中的情境，这让学生兴趣高涨，参与度很高。但在最后布置作业环节里，我将其设置为"写作任务"，当这一张PPT展示出来时，学生的激情明显下降，这立即让我感觉到这个说法的不妥。课后老师评课的时候也指出这点，我应该坚持将猜测贯穿始终，将其设置为"猜测任务"，这样既保证了完整性，又能保护学生的激情。

总的来说，"作文就是猜测"这一教学理念让我重新审视了作文教学的方式和目的。它让我意识到，作文教学不仅仅是传授写作技巧，更重要的是培养学生的写作兴趣和创造力。在未来的教学中，我将更加注重情境创设，让他们在写作中自由表达、尽情创造。

"猜测"得益于仔细观察和认真思考

张明兵

"师者，所以传道、受业、解惑也。"在古人眼中，传道、授业、解惑是老师的作用，是衡量老师之所以成为老师的标准。然而今天，衡量老师的标准已经发生改变，一个优秀的老师不再是单纯地传道、授业、解惑，更重要的是传给学生获取知识的方法和激发学生学习知识的欲望。

作为"作文与育人融合教学的校本课程研究"的第二节实践课，这是一节很成功的实践课，姚老师准备得很充分，首先跟学生说本节课少上20分钟，从而引出本节课的学习要点——猜测。同时也带动了学生的学习兴趣，为什么少上20分钟？什么情况？？掉馅饼了？？？以及本节课开始时间，体育委员是谁？这可把学生整蒙了，不是上作文课吗？这是要做什么？姚老师又让学生猜测这节课准备要做什么。可把学生的好奇心提到嗓子眼了。

接下来姚老师展示学生作文，并让学生朗读，然后点拨这篇作文，并逐渐引导学生学会应用猜测去发散思维。接着进入下一个环节，展示一个班主任气冲冲进班的场景，让学生展开想象，去猜测为什么班主任会这样。这个环节学生对场景进行了思考，然后组织语言再把自己的猜测说出来，这不光锻炼了学生的语言表达能力，也锻炼了他们的思维能力。

总体而言，这是一节很成功的作文课，让学生在快乐中学习和思考，激发学生的学习兴趣，值得学习。

呵护教学情境的真实和完整

葛成石

课题实践的第二次课是由姚志松老师执教的"作文就是猜测"。本课旨在让学生领悟：原来作文不只写耳闻目睹，还可以写猜测推理！从而帮助学生走出无话可写的困境，也逐步消除对作文的畏惧心理。

从课堂实践看，姚老师的目的达到了。当第一个情境呈现时，课堂气氛就热烈起来了。第一位站起来猜测的同学得到了心仪的奖品，同学们参与的情绪更加高涨起来。奖品固然是调动积极性的重要因素，老师在情境设置上的精心安排也显得特别重要，一定要有坚定的信念感——从内心认定这一幕本来就是真实的，也一定要给学生现场感，从而让他们找到代入感，包括教学用语都应在严密完整的逻辑体系之内，避免使用"假如"等词语。

第二个情境呈现时，同学们在动笔猜测的环节依然热情不减。这个环节是猜测老师为什么生气地将作业本拍在讲台上，其中一位同学念出自己的猜测内容时，还将老师的神情语言模仿得惟妙惟肖，仿佛这不是一个假设的情境，而是真实的生活，他完全入戏了！

这就是课堂教学中真情实境的魅力！为了让这魅力展示得更淋漓尽致，授课老师也要像那位同学一样"入戏"，用心呵护好教学情境的真实性和完整性。比如在小结环节，可以让同学们回答：你赞同谁的猜测？为什么？以此引出猜测的原因和方式方法。在课堂最后布置任务的环节，也不要说"写作任务"，而要坚持说"猜测任务"：课堂上大家不可能都有猜测的机会，那就在课后用书面形式将自己的猜测记下来。事实证明，最后老师提到写作任务时，同学们的情绪突然减弱下去了，原因就是老师没坚持住，出戏了，穿帮了。

师生入戏，这是确保情境的真实性；始终如一地入戏，这是确保情境的完整性。这两点都很重要。

"作文就是想象"教学札记

黄爱静

很荣幸能在课题组成员的指导下给我们初一年级的学生上一堂作文课。大家都知道现在学生的生活是比较单调的两点一线，基本就是学校和家这两个地方待的最多，是非常缺乏生活经验的，而我们初中写记叙文又是需要写一些生活经历的，这个时候该怎么办呢？其实很多时候靠联想和想象也是可以写出一篇精彩的作文的，只要是自己的真实感受和自己所想出来的也一样可以具有真情实感。当然这个想象不是胡思乱想，是需要有方法地去想，并有方法地去把所想的写出来，这样才能让我们想出来的作文变得精彩。

我的这堂课主要就是围绕想象这个话题来进行的，在学习与生活中我们经常会分辨不出什么是想象什么是联想，所以我的课堂首先是教会学生区分想象和联想这两个概念。我从初一年级学过的课文《咏雪》引入我们的课题，给出一幅下雪的图画，叫学生来回答看到这幅图能想到什么，果然第一个回答的学生就把这幅图和学过的课文联系起来了。接着我叫学生来猜一下我这节课给回答问题的同学准备的奖品是什么。通过这两个问题的回答，同学们很快就感受到了联想和想象的区别是什么：联想是由某一事物想到与其相关的另一事物；想象是在头脑中创造出的新形象。联想是"客观实际，由此到彼的过程，特点是实的"，想象是"人脑主观创造的，特点是虚的"。

这节课主要目的是教会学生如何进行想象，要会想象首先思维要打开来，所以我给同学们做了一个思维发散训练，这个训练可以把他们的思维打开，让他们可以大胆地想象。我们能运用到写作当中的想象，最重要的是物人想象，如果我们在写物品的时候能够把物品想象成人，赋予这个物品生命力，那么这个写作就会变得有血有肉、生动有趣。我给同学们展示了一张梅江夜景的照片，要同学们来看图写话，选取了几位同学来把自己写的念出来，听完同学们写的之后我再给出一段范文："桥伴着江水，江水伴着我们，而两岸的霓虹正目视着这一切。江水没有拒绝灯光，你看她将光和影深深地吸进心底，或浓或淡，或长或短，船移动处，又漾开层层鳞片。我疑心光和影是江水的孩子，被呵护在掌心，又被允许顽皮地跳跃，是的，在慈祥的目光所及的地方，母亲也是这么娇惯着自己的孩子的。"这个时候我叫同学们来对比一下同学写的和老师展示出来的哪个写得更好，同学们异口同声地回答是老师展示出来的范文更加精彩。接下来我就利用这个契机叫同学们来寻找这段范文和自己写的最大的区别在哪里，同学们很快就找出来了，区别就在于大多数同学写作时只是物物想象，而范文中是由物想到了人，这使文章的情感立马就鲜活了起来。在课堂的最后我展示出了两盆盆栽，一盆是生机勃勃的，一盆是已经枯死了的，要同学们利用物人想象的方法来描写这两盆盆栽。

每节课上下来都是会留有遗憾的，这节课同样也是，内容太多，时间太赶，并没有让学生真正掌握到想象的写作方法。不过已经让学生知道了写作文原来是可以靠想象的，想象不仅可以物物想象还可以物人想象，让同学们知道了在我们生活当中、在观察身边的事物的时候要把这些物体当作和我们人同等的事物去看待，要学会去平视它们而不是一直在俯视它们。只有平等地去对待身边的一切物体时，我们描写出来的事物才会有感情。同时也非常感谢初一（4）班的同学们的配合，整节课气氛都非常活跃，同学们回答问题非常积极，希望以后还能有机会给他们上课。

共情，是作文教学的必修课
——"作文就是想象"观课感

谢瑞婷

黄老师是我见过的老师中共情能力最强的一位，这一节作文课，很好地调动了初一学生的写作热情。一双双举起的手，一张张洋溢着笑容的脸，深深印在我的脑海中。

黄老师在课堂开始时，没有着急给学生看文字、下定义，而是让学生观察和想象，看见这漫天飘飞的雪花，你想到什么？极大地发散学生的思维，解放学生的思想，初一的学生犹如欢快的小鱼，很多有趣的想法、充满想象的话就出来了。一个简单的导入，展现了黄老师的精心与细心，她很好地考虑到初一学生学习的特点。

接着，打破固定思维，同一句话，停顿不同，意思就不同了。如这句话：能穿多少穿多少。黄老师是懂初一学生的，小游戏一样的题目设置，回答了还能得到盲盒小礼物，孩子们都纷纷举手，响亮地说出自己的想法。

另外，黄老师还贴合初一学生的学习情况，结合了课文《春》《济南的冬天》《女娲造人》等学生熟悉的课文文段，让学生的想象更加细致、细腻、丰富，层层引导下，初一学生能很好地区分联想和想象。

最后，我特别喜欢黄老师课堂上与学生相处沟通的方式，面对相对矮一点的学生，黄老师会弯腰倾听，及时给予积极的评价，如：你的答案真好，你是未来的科学家，这位同学真的好可爱。当然还有黄老师洋溢着的温暖的笑容，都让学生们如沐春风，也让我们感受到黄老师的亲切。

共情，是作文教学的必修课，黄老师结合初一学生特点，与初一学生共情，给我们呈现了一节很好的作文课。

练好作文的思维体操
——"作文就是想象"观课感
葛成石

本课是校本教材"作文是有字的生活"这一板块中的一个课例。在课题"作文与育人融合教学的校本课程研究"中，本课的作文目标是让学生了解联想与想象，熟悉联想与想象的几种形式，重点学习物人联想，从而让笔下的文字灵动起来。同时，要在学习中领悟人与万物平等的道理，要热爱生活，俯下身来看世界，这是本课的育人目标。

黄老师在讲授这一课时，结合了课文《春》《济南的冬天》等课文，"闭了眼，树上仿佛已经满是桃儿杏儿梨儿"等，这些为学生所熟悉的句子，让学生能快速理解到想象能带来更丰富、美妙的画面，理解到作文并非停留于客观写实，而是极具个性化的、创造性的思维活动。课堂上，黄老师让学生了解了什么是联想，什么是想象，并进行了思维发散训练。学生的大脑快速运转起来，热情高涨，面对"雪花"，有的想到棉花，有的想到树林被覆盖，有的还想到坚韧不拔的品质。学生能够由物想到人，世界万物便有了灵性。像范例中描写灯光下的江面，像一位慈祥的母亲，宽容孩子（灯光）在自己的怀里跳跃。这些景物，再不是过去作文中没有生命的画面了，而是与人平等的、充满温情的意境了。

黄老师还善于启发引导。当学生由"雪花"想到"沙子""棉花"时，她启发学生，想象不等同于比喻，你脑子里能由雪花引出来的画面都算，这样学生就慢慢对概念有了正确的理解，于是，学生面对"柳树"时，有的想到"春天到来了"，有的想到"和爷爷在柳树下聊天的往事"……

当然，本节课用心的细节还很多，比如给学生的奖品是"盲盒"，里面有什么，让学生去想象。借助实物，即情境教学，也是这一课的用心之处。黄老师特意准备了一黄一绿、一枯一荣的两盆植物，它们摆在一起，就是一幅很有意趣的画面，给了学生很大的想象空间。

遗憾的是，整节课内容太多，课堂上学生口头回答之后，这道题就只好留给学生当课外作业了。不过，口头回答环节已同样呈现了教学效果。同学们积极参与，跃跃欲试，奇思妙想层出不穷。教学的成效，不应只看学生听进去多少，记下了多少，而引导他们自己去发现、获得，这才是弥足珍贵的。这种思维体操训练，值得积极尝试。

二、作文的方法——不讲方法才是好方法

"好作文可以搬上舞台"教学札记

陈彩玲

本课程设计源自《不妨这样教作文》的第三板块"作文的方法——不讲方法才是好方法"中的第八讲"好作文可以搬上舞台"。与传统的作文教学方式不同，本课程综合细节描写的功能和目的，通过采用学生感兴趣、易理解、能操作的方式，引导学生理解并接受"好作文可以搬上舞台"的理念，进而打通生活与写作之间的关系。

本节作文实践课，我先播放了《憨豆先生》考公务员作弊的视频片段，以此引导学生分析该视频引得观众发笑的原因。学生们发现，憨豆先生通过其独特的神态与动作，充分展现了喜剧艺术的魅力。在此基础上，我进一步引导学生认识：写作中，要激发读者的阅读兴趣，可以向憨豆先生学习，从细微之处入手，通过细腻的描绘呈现生动的画面。检验一篇作文是不是好作文，可以看能否将其搬上舞台，能否引起读者的共鸣。

随后，我为学生设置了三个任务。任务一要求学生以编剧的身份，尝试将"他骂憨豆先生脸皮厚"的情境搬上舞台，通过丰富和深化语言、动作、神态及心理等描写手法进行表演实践。任务二则选取了《一碗馄饨》中的"一眼就看到母亲正在路口等她吃饭"的场景，要求学生通过构思和表演，赋予其丰富的画面感，将其搬上舞台。任务三结合校园生活，围绕"在宿舍吃泡面被梁老师抓到了"的情境展开深入思考和讨论，并据此编写剧本进行表演。这一任务因贴近学生生活，有效激发了课堂活力，将课堂氛围推向高潮。

在完成上述三个任务后，我进行了课堂反馈的收集工作，询问学生本节课有哪些收获。然后在此基础上进行课堂小结：阅读一篇好作文，就如同观

赏了一场精彩的演出，有现场感，有感染力，让人掩卷遐思，久久不忘。要写出好作文，就要力求让你的作文能搬上舞台。最后，我布置了课后写作任务，让学生以"铭记"或"在宿舍吃泡面被抓"为话题，写一篇作文，要求描绘出铭刻在心的人物、画面和场景，力求带给读者观看舞台表演般的感受。

回顾本节作文实践课，我进行了如下反思：首先，课堂时间的分配不够合理。导入环节的讨论时间过长，因而影响了后续教学环节的紧凑性。其次，尽管教学内容紧扣主题，但对比效果的呈现还有提升空间。我应该更直观地展示原始简单场景与精细描写后的场景之间的对比，从而让学生更深刻地感受到好作文可以搬上舞台。再次，在第三个任务中，学生的表演热情高涨，一些学生甚至能本色出演，我应该借此机会引导学生深入思考成功将梁老师这一角色搬上舞台的原因，并进一步探讨生活中还有哪些场景可以搬上舞台，从而深化本节课的教学主题，加强生活与写作之间的紧密联系。最后，还需精细锤炼自己的教学语言，让整个教学设计呈现更好的教学效果。

这次作文实践课让我深刻认识到，贴近学生日常生活的教学方法能够更有效地激发他们的学习兴趣和创造力。在未来的作文教学中，我将继续学习并应用更多有趣且实用的教学方法，力求让作文课堂更加生动有趣。希望这种方式能进一步推动生活与写作的深度融合，让学生在轻松愉快的氛围中提升写作水平。

"好作文可以搬上舞台"观课感

房　妮

本周四有幸聆听了彩玲老师的"好作文可以搬上舞台"这节课。在日常作文教学中，针对学生写作过程中出现"描写不具体，不生动"的情况，我们往往会加强"细节描写"的写作指导，明确细节描写就是对人物、景物、事件等表现对象的细微具体的刻画。引导学生掌握细节描写的方法：第一，要真实，对生活细致观察；第二，要典型，要善于抓住最能反映人物性格特征的细节；第三，要生动，用语生动、简洁。在学完以上理论知识后，咬笔头、无从下笔的同学仍大有人在，甚至依然觉得细节描写这个概念很抽象，那如何能把生活中精彩且生动有趣的瞬间写进作文里呢？

《不妨这样教作文》第三板块"作文的方法——不讲方法才是好方法"第八讲"好作文可以搬上舞台"给出了答案。彩玲老师依照校本教材，上了一节非常精彩的作文课。课堂的第一部分是请同学们观看《憨豆先生》考公务员作弊的视频，而后问学生发笑的原因，再请同学们当编剧，为"他骂憨豆先生脸皮厚"这个情景设计有趣的台词和生动的舞台动作，帮助导演将其搬上舞台。课堂的第二部分是情境创作，阅读《一碗馄饨》并思考：怎样才能把"一眼就看到母亲正在路口等她吃饭"这个场景搬上舞台，使之具有画面感？再由三人上台，将剧本内容表演出来。完成以上两个情境的创设和表演后，同学们已初步感知，一台精彩的演出，需要一个具有画面感的剧本，要把具有现场感、有感染力的画面呈现出来，而这也就是一篇好的作文了。

课堂最精彩的部分当属彩玲老师创设的第三个情境：梁老师发现"我"在宿舍泡泡面时，他会说些什么，做些什么？当抛出这个情境后，教室里瞬间炸开了锅，同学们跃跃欲试，争先恐后举手，都想演绎自己心中的梁老师。扮演者右手食指晃动着点着犯错误的同学，左手背在后面，不紧不慢却带着十足的警戒语气说道："你好恶劣啊！"台下的同学异口同声模仿起来，都认为这是十分成功的表演，纷纷喝彩。学生不是生活的旁观者，他们是生活的参与者，所以学生在描写生活中真实的人和真实的生活场景时，是非常投入且有感情的，也是能打动人，能引起共鸣的。由此可见，这个情境创设非常成功。

在课堂的最后，彩玲老师引导学生总结这节课学习所得，帮助他们内化课堂内容。本节课通过创设情境教学，以舞台表演的形式让学生将抽象的写作理论与实际生活紧密结合，以此提升了学生写作技能。本人认为，如果学生课前预习更加充分，或者第一个环节教学节奏更紧凑一些，那留给第三个情境的时间就会充沛一些，学生在表演完后，老师就能引导同学们把梁老师的相关细节写下来，那课堂上的表演和写作的联系就更加紧密了。

这节课通过寓教于乐的方式，创设了好的表演情境，让学生在轻松愉快的氛围中学习写作，取得了良好的教学效果。

将抽象的方法搬上舞台

葛成石

校本教材《不妨这样教作文》第八讲"好作文可以搬上舞台"提到：不管讲课文还是讲作文，老师们都会对"细节描写"做重点讲解、分析，但存在的问题是，讲归讲，写归写，理论知识不能深入学生的骨髓，即不能成为学生的习惯和品质。

如何解决这个问题呢？本节课是这样设计的：将"细节描写"这一抽象的方法，用舞台表演的形式呈现出来，让学生直观且深刻地领悟到，有细节的作文是可以表演的，没细节的作文则让导演"巧妇难为无米之炊"；让学生将"细节描写"这一理论与生活实际紧密联系起来，再通过长期训练，使之成为学生写作上的自觉。

陈彩玲老师在讲授这节课时，每一个教学环节都紧扣了"搬上舞台"。首先是以《憨豆先生》的视频导入，让学生分析为什么好笑。明确是他的神情动作表演得很生动，逗人发笑，从而引出课题"好作文能搬上舞台"。然后让学生当编剧，改写"他骂憨豆先生脸皮厚"，要达到能演出来的效果。接下来是表演环节，先让学生表演《一碗馄饨》中的结尾"母亲正在路口等她"，然后表演学生在宿舍泡面，班主任梁老师走进来的情形。老师通过表演的形式，让学生懂得如何添加细节，从而让作品或场景能搬上舞台。最后是总结环节，让学生谈谈自己在表演或观演中的收获。老师通过"编剧""表演""舞台效果"等词语，让整节课都在一个相同的逻辑体系之内。如此一来，"细节"和"细节描写"，再不是抽象的概念和空洞的理论了，而是可观、可感、可以捕捉的了。抽象的理论仿佛也被搬上了舞台，让学生能够将细节描写和舞台上要反复琢磨的语言、神态、动作联系起来。

留给师生印象最深的是，学生表演梁老师撞见学生泡面的情境。为了表演得更生动，学生在剧本中真实还原了梁老师的语气、腔调，连一声咳嗽都不放过。台上的表演者念到"你好恶劣呀"一句时，台下居然高度一致地念着相同的台词。能如此引发共鸣的内容，平常作文中为什么很难见到？就是因为学生将作文和生活分得一清二楚了。如果写作时能联系起生活中的情形，动笔时脑子里有舞台上的画面，写出来的作文是不是就变得生动形象了？这些道理，本来是想在课堂结束时让学生总结出来的，但因时间关系，这个重要的环节只得草草收场了。

如果不是借班上课的公开课，下节课老师一定要将学生总结这一环节补上。让学生谈收获，或是引导他们正确理解这节课的重点，这比老师直接讲出来要有用。学生要讲出来，自己必须先消化，这是对课堂内容的内化过程。除了结尾，前面的环节也还要注意这个问题，不能让学生为表演而表演，而是要通过过渡或小结，引领学生思考表演和写作的联系，这样就真正实现了让抽象的方法搬上舞台了。

"从最重要的内容写起"教学札记

张巧媚

本课程设计源自《不妨这样教作文》之第三板块"作文的方法——不讲方法才是好方法"的第十讲"从最重要的内容写起"。

以创设一个情景来导入课堂：张定同学看见教室的地板上有一只毽子，他习惯性地对着它飞起一脚，谁知毽子是插在墨水瓶上的，谁知班主任这时又刚好走进了教室，结果，老师的白色T恤就遭殃了。如何向妈妈转述这个事件呢？学生能够积极参与其中，都能够完整地、清晰地转述这一情景，但没有让人眼前一亮的感觉。然后老师展示了一个回答：今天张定把班主任给黑了。这样一来，就打开了话匣子，还特别有悬念，特别能调动听者的兴趣。

学生作文中存在的三种开头模式。

先列出学生平时写作中出现三种不理想的开头模式，即排他式、选取式和对照式，分别进行举例，然后分析。让学生明白这三种开头模式严重束缚了他们的思维，大家落笔想到的只有形式，所写内容是空话、套话、假话，既不重要，也没人关心，更不会调动读者的兴趣。

从最重要的内容写起：印象最深、最有感悟、最想不到。

先引用了《不妨这样教作文》里的例子，然后举班级中的事例来拓展，帮助学生理解和巩固最重要的内容。

1. 印象最深

先展示《不妨这样教作文》里的例子《一百分的来历》，让学生找最吸引人的一句话，这就引起大家的猜测和了解的兴趣；然后我分享了自己带领学生参加体育中考时印象深刻的场景；接着出示美食节的图片，让同学们说说美食节上印象深刻的瞬间；最后总结，印象深刻的可能是一句话，可能是一个动作，可能是表情，也可能是一个场景。总之，"印象最深"的开头模式能够直接吸引读者的注意力，引发他们的兴趣。

2. 最有感悟

先展示《不妨这样教作文》里的《珍惜》和《劳动最有滋味》的感悟，对此进行简单的分析；然后播放了同学们参加六一活动的视频，并让他们写下自己的六一感悟；最后总结，写自己有亲身体会的事，不妨开篇就和读者分享一下你的体会或感悟。"最有感悟"的开头模式可以展示作者对话题的深入思考，使文章更具深度。

3. 最想不到

先展示《不妨这样教作文》里的例子《小懒王变了》，提问：小懒王刘非有哪些异常现象？小懒王怎么会发生那么大的改变呢？然后是展示了高考喊楼活动中学生将荧光棒制作成眼镜的有趣照片，让学生明白：以意想不到的情节来开始，可以很好地吸引读者的注意力。"最想不到"的开头模式能够给读者带来新奇感，增加文章的吸引力。

最后，展示了一篇范文《我猜出了孩子的心思》，并布置了课后任务，要求同学们运用本节课所学知识来修改月考的作文开头。

总体而言，提倡的开头模式不要讲究形式，不要再写假话、空话、套话；要注重内容，写印象最深刻、最有感悟、最想不到的内容，更注重引起读者的兴趣和思考，能够更好地引导读者进入文章的主题。

这次公开课使我收获良多，同时也发现了自己的不足。第一，教学思路是清晰的。首先设置一个情景导入；其次讨论学生作文中存在的几种开头模式；接着提倡学生采用几种"重要内容"开头模式；然后，赏析美文《我猜出了孩子的心思》，领悟到读者关心的就是重要内容；最后修改月考作文的开头。第二，在作文公开课的教学中，我发现学生们在开头部分存在一些常见的问题模式。比如，经常采用排他式、选取式和对照式的开头，因此指导学生不要关注形式，不要写假话、空话、套话，要关注内容，要从重要的内容写起。这样能够使作文更加引人入胜，吸引读者的关注，同时也有助于学生更好地表达自己的思想和观点。第三，美中不足的是教学过程中详略把握不够精准。讨论学生作文中存在的几种开头模式这一环节花费时间过多，而提倡学生采用几种"重要内容"开头模式的环节有点仓促，美文赏析环节也没有很好地欣赏。

在今后的教学中，我将继续强调开头的重要性，并帮助学生不断改进他们的写作技巧。

听"从最重要的内容写起"有感

姚志松

听了张老师的"从最重要的内容写起"这节作文课，我收获满满。

首先，张老师在课前做了充分准备。为充分调动学生参与的积极性，张老师预先收集了学生们在美食节、儿童节、高考喊楼的照片，这些照片展示出来后，瞬间激发了学生的热情，课堂气氛很好。充分的准备是这节课成功的要素之一。

其次，整个教学过程很流畅。无论是开头引入三种类型的"最重要的内容"的讲解，还是到最后老师总结并展示范文、布置作业，整个过程行云流水，非常流畅。学生在这一过程中也勇于表达自己的想法和感受，整个教学过程既具有趣味性又具有启发性。

最后，张老师这节作文课的教学方法也值得学习。在本次作文课中，教师采用了启发式、讨论式等多种教学方法，注重培养学生的主动性和创造性。

同时，教师还积极利用现代教学手段，如多媒体教学等，丰富了教学内容和形式，提高了教学效果。这些方法的有效运用，不仅激发了学生的学习兴趣和积极性，还有助于培养学生的自主学习能力和合作精神。

综上所述，张老师的课给我很多启示。在今后的作文教学中，我们应该教学生作文要从最重要的内容写起，写真话，不写"假，大，空"的话，注重培养学生的基本素养和综合能力，同时不断创新教学方法和手段，提高学生的学习兴趣和效果。只有这样，我们才能更好地推动作文教学的发展，为学生的全面成长奠定坚实的基础。

脱口而出和下笔如神
——"从最重要的内容写起"观课感

葛成石

我在《不妨这样教作文》教材中提到："我对落笔困难的学生是这样指导的：我让他们模拟生活情形。对一件事，你先不去想如何下笔写，你只要想想回到家如何跟爸爸妈妈说。比如张定同学看见教室的地板上有一只毽子，他习惯性地对着它飞起一脚，谁知毽子是插在墨水瓶上的，谁知班主任这时又刚好走进了教室，结果，老师的白色T恤就遭殃了。放学时，某个同班同学一跳上妈妈的摩托车就大喊：'妈妈妈妈，今天张定把班主任给黑了！'你看，这个同学不用打草稿，就打开了话匣子，还特别有悬念，特别能调动起听者的兴趣。在作文中写这件事，就以'今天张定把班主任给黑了'一句开头，不是极妙的吗？"

可许多同学在生活中分明能"脱口而出"，一到写作文却非但不能"下笔如神"，还常咬破笔杆无从下手。究其原因，作文与生活脱节就是其中的主要问题。设计本节课，就是要设法打通课堂与生活的要道，让学生在生活中能脱口而出，写作时能下笔如神。张巧媚老师的这节课，在充分理解校本教材的思路和目标后，发挥了生活情境的功能，她环环相扣、层层递进地引导学生将如何开口说和动笔写统一起来，解决了学生在写作时为如何开头而纠结、迟迟下不了笔的问题。

本课的整体思路是：以张定同学的事例导入新课，让学生明白，作文如何开头，就好比如何开口向他人讲述某个话题；再对照平常作文模式化的开头，尽是假话、空话、套话，不能引起他人倾听（阅读）的兴趣；如何才能吸引人呢？那就要从最重要的内容写起，重点讲解三种"最重要的内容"；最后是老师总结并展示范文、布置作业。什么才是最重要的内容？这是本课的重点。为了让学生充分理解并大胆尝试，张老师在课前做足了准备，她将学生美食节、儿童节、高考喊楼等新近发生的事制作成图片、视频。生活气息扑面而来，学生参与的热情高涨，发言和动笔都很踊跃，比如有的同学说：本来是普通的食物，但在我眼里代表着班级的荣誉；有的同学说：给我买爆米花的那个同学特别帅气……从发言的情况来看，咬破笔杆无从下手的情形没那么严重了。但要落实到每个学生，还有待平常课堂上长期坚持好这样的教学理念。

　　不过对教学艺术的追求是无止境的，本节课老师的教学语言还有打磨空间。比如在导入新课时，讲到张定同学的事例，老师提问：假如你是张定的同班同学，你会如何转述这件事呢？这样提问没有瞄准教学目标（作文如何开头的问题），让学生将注意力分散在了事件的全过程中。如果老师问：放学后你想跟妈妈分享这件事，你会如何打开话匣子？这样就和接下来讲的不好的开头模式无缝衔接了。另外，学生在结合生活情境口头或书面表达时，有些属于重要的内容，也有些根本不重要。比如讲述美食节，有的同学只知道说"很难忘"，老师可以即时点评并引导：这样开头，很难引起他人的兴趣，如果换成"每一双手都没闲着"，是不是就给人画面感了？听众或读者也就有兴趣了。老师还可以再进一步引导：生活中我们一般不会选择"难忘""充实""有意义"这些概念化的词语来讲述，当你作文不知如何开头时，你就想想生活中脱口而出的可能是一句什么话。让学生找到"脱口而出"和"下笔如神"的联系，作文就会变得简单而有意思起来。精妙的教学语言，或许就给一节课带来了画龙点睛的奇效，一节课的灵魂或许就在这里。

三、作文的品质——人对了，作文就对了

"真实才有个性"教学设计及教学反思

张明兵

【教学目标】

通过创设真实的情境、设置真实的任务、构建具体的写作框架，帮助学生运用写作知识真实表达。

【重难点】

重点：帮助学生运用写作知识真实表达。

难点：创设真实的情境，设置真实的任务，构建具体的写作框架。

【教学方法】

引导启发、合作探究

【教学用具】

1~2只手撕鸡；奖品

【教学过程】

1. 导入

先让学生朗读《呼兰河传》中关于吃鸭的描写段落，让学生体会"他说我的牙齿小，怕我咬不动，先让我选嫩的吃，我吃剩了的他才吃。祖父看我每咽下去一口，他就点一下头，而且高兴的说：'这小东西真馋。'或是'这小东西吃得真快。'""我的手满是油，随吃随在大襟上擦着，祖父看了也并不生气……"这几句话的描写，让学生感受作者写的是不是她感受到的、看到的。

然后告诉学生今天这节课的关键词是"鸡"，让学生猜这节课要做什么。等学生猜得差不多了，课堂气氛起来了，再告诉学生答案——"吃鸡"，随即将提前买好的手撕鸡拿出来。

2. 观察鸡

（1）学生先观察鸡，并用语言描述自己的所见（多角度、一人一个点、可加修辞）。强调真实所见。

（2）老师小结：观察鸡可以从鸡的大小、形态、颜色等方面入手，描述的时候可以使用一种或多种修辞手法。

3. 撕鸡

（1）叫 2~3 个学生上台撕鸡，一边撕一边讲述自己的感受（其实就是一边撕一边和同学唠嗑）。

（2）台下的学生注意观察台上人撕鸡的动作、神态等，也可观察鸡的变化。

（3）让台下的学生讲述观看感受（神态、动作、顺序、遇到困难并解决；多种感官；多种修辞）。

（4）老师小结。

4. 吃鸡

（1）学生吃鸡，需细细品味，不能囫囵吞枣。

（2）学生评价好不好吃——口感、味道等（多种感官；多种修辞），并说明原因。

（3）老师小结。

5. 写"吃鸡"过程

（1）老师指导并用 PPT 展示：过程（观察鸡—撕鸡—吃鸡）及方法（多种感官；多种修辞）。

（2）学生写作。

（3）学生展示。

（4）老师小结，并引出主题：真实。

6. 写作要真实，真实才有个性

即使处在相同的情境，每个人听到的、看到的、想到的、感受到的，也都是独特的。将这独特的一面如实呈现，你就找到了别人想不到的句子。真实的才不易与他人重复，才更有个性（描述真实所见，表达真实情绪）。

展示范例。

7. 作业

将今天这节课的作文写完整，题目自拟，400 字以上。

【教学反思】

美国教育家科勒斯涅克说："语文学习的外延与生活的外延相等。"这句教育名言我非常认同。葛老师的《不妨这样教作文》说要教学生"爱生活，爱阅读，爱表达"。我认为写作的根源在于生活，脱离了生活，写作就无从谈起。学生作文就是能把自己的见闻、感受和想象写出来。学生作文要言之有物，"物"的含义是"见闻、感受和想象"，这是学生作文必须达到的基本要求之一。可是，在作文教学的实践中我却屡屡发现这样一个事实：相当一部分的学生作文达不到这一要求，他们言之无物，见闻虚假，感受空洞，想象贫乏。按理讲，当今社会，信息时代给人们带来了高度发达的物质文明和精神文明，孩子们见多识广，作文时应该言之有物，可为什么言之无物呢？读了葛老师的《不妨这样教作文》之后我找到了答案。

长期以来，我们的作文教学，教学点是封闭型的，重课堂轻课外，为了分数，为了应试；作文内容与学生生活脱节，课堂教学基本上是老师出题学生写，学生写完老师评。这种作文教学模式使孩子们失去了广阔的时空，致使学生被动作文，心态消极，生编硬造。这种境况使他们无法撷取更生动的作文素材，因而每当写作文的时候，"干瘪的作文素材仓库"使他们感到"囊中羞涩"，言之无物。葛老师的《不妨这样教作文》这本教材建立了一个开放的、发展的作文教学体系，让学生走出课堂，走进生活，参与生活，体验生活。在几次的作文实践中学生能有一种"不吐不快"的欲望，让写作成为学生的生活需要。这几次作文实践课结束后，老师让学生将自己的感受写下来。同学们很快就写了一大段，实践班级语文老师说连平时最不爱写的学生也写了一大段。看着这些精彩的片段，我思绪万千。是因为碰巧吗？不！是因为同学们自由地、充分地调动了自己心中的语言储备，调动了自己心中的生活积累，大胆地展示自己对客观世界的独特的认识，独特的感受。只可惜这样的教学却并不常见，只因平时没有为学生提供有利的条件和广阔的空间，结果严重束缚了学生的思维，学生在狭隘的空间里很难成就一篇好作文。我想：今后有必要组织学生开展更多的作文实践课，这样为学生提供写作的资源，学生根据自己的喜好，提笔写作，作文将不再是无源之水，无本之木了。

我在本次授课过程中对课堂时间的把控以及在"撕鸡"的这个环节出现了一些问题。在日常生活中我并没有亲自动手撕过鸡，想象中应该是很简单的事情，于是在课堂设计中"撕鸡"这一环节的时间设定是很短的，但学生在动手过程中就发现"撕鸡"并没有想象中那么容易，因此影响了后续的发挥。同时在点评上也有缺失，没有即时点评和鼓励学生的回答，可能会影响学生积极性。课堂留有遗憾，有遗憾才更真实，有遗憾才能更快进步。

一堂以吃鸡为题的作文课

黄爱静

本堂作文课的主题是"真实才有个性"，每个人听到的、看到的、想到的、感受到的，都是独特的，只有将这独特的一面展示出来才会让人印象深刻。明兵老师这堂课的上课方式很有个性，所以也让人印象深刻。

这堂课的灵感是来源于萧红老师《呼兰河传》中描写的一段吃鸭子的情节，这段情节描写得很有个性，让人觉得很有意思。明兵老师先是让学生读了这一部分的情节，孩子们瞬间对吃鸭子产生了很大的兴趣，这个时候明兵老师拿出了准备好的手撕鸡，孩子们一看到真的有鸡吃顿时就沸腾了，坐在我旁边的学生还说道："从来没上过这样的作文课，吃鸡就能学会写作文吗？"

明兵老师的这堂课分为看鸡、撕鸡、吃鸡三个环节，孩子们全程都非常积极地参与到其中。最后到了分享环节，让我印象最深刻的是有一位女同学的分享，她说："这只鸡并没有看起来那么美味，吃起来有一种铅笔味。"这个女生的回答引来了所有同学的关注，大家都对她的回答很感兴趣。我相信很多老师和学生也记住了这个吃出铅笔味的女生，这是一个多么有个性的回答啊。我想为什么这个女生会给我留下深刻的印象，不正是因为她说了自己真实的感受吗？不正是这种真实让她显得有个性吗？不正是这种个性让我们印象深刻吗？在课堂快结束时我问旁边刚才发出疑问的学生："吃鸡让你学会了写作文吗？"学生说："我学会了真实才有个性，以后写作文要写真实的感受。"从学生的回答中可以看出来，明兵老师的这堂有个性的作文课是让学生们有所得的。很感谢明兵老师给我们带来了这样一节精彩的作文课。

真实是无法预设的

葛成石

本课为校本教材的第十三讲"真实才有个性"，内容非常丰富，要点有：第一，真实要有真情绪。带上情绪的话语不一定合理，但更加真实。第二，真实要有真情境。在特定情境中，平常不太可能的事也变成可能。第三，真实才有个性。每个人听到的、看到的、想到的、感受到的，都是独特的，将这独特的一面如实呈现，你就找到了别人想不到的句子。

张明兵老师重点抓住第三点来进行教学设计。首先，他用了书上的范文，《〈呼兰河传〉节选》（吃鸭子一节），让学生朗读。接下来，他创设了真实的情境。他带来一只手撕鸡，让班长送到台下展示，再让几个同学来撕鸡，然后送到台下让同学们吃鸡。这是整节课的高潮，欢乐气氛洋溢了整个报告厅，可以料想有多少师生在暗自强咽口水。第三个环节是现场片段练习，让学生从看鸡、撕鸡、吃鸡中选取一个环节来写一段话，并现场念出来。最后是老师总结并布置作文：写下从看鸡到吃鸡的全过程。

张老师的课堂结构紧凑，可谓环环相扣，从理论示范到组织实践，从片段练习到整篇指导、布置，很符合学习的规律。尤其是在色香味俱全的食物的诱惑之下，很考验人的课堂组织与驾驭能力。所幸，张老师经受住了考验，交出了让人满意的答卷。

在"作文与育人融合教学的校本课程研究"这一课题之下，本课的育人目标就是求真的精神和勇于探索发现的品质。这既是对学生的要求，也是对老师的要求。因此，老师在课堂组织过程中，也一定要求真。而真实是无法预设的，我们不可能提前将即时点评的话语"备"出来，这只能靠临场发挥，老师也必须像要求学生一样要求自己，将听到的、看到的、想到的、感受到的，真实地表达出来。本节课略有欠缺的就是这方面。其实现场有很多处需要即时点评，帮助学生边尝试、边小结。比如读完《呼兰河传》吃鸭子一节，作者写:"祖父看我每咽下去一口,他就点一下头,而且高兴的说:'这小东西真馋。'"这里可以即时点评:作者是不是写了看到的(点头)、感受到的(高兴)、听到的(这小东西真馋)?是不是因真实而有个性?在当堂表达环节,同学们精彩的发言有多处值得点评。有的说吃起来紧实,有嚼劲;有的说咬起来很干巴,想象和现实不一样;还有的说肉质又硬又柴,不好吃。这都是学生的真实感受,但他们有各自不同的情绪,所以都是独一无二的个性化的表达。教师即时点评到位,对学生课后写作会很有引导和激励作用,也更能达到教学目标。所以,不管是一篇作文还是一节课,最精彩的部分都不是预设的,而是在真实情境下的真实表达。

四、作文的源头——流动的书本和有字的生活

"我眼里的呼兰河"教学札记

谢瑞婷

阅读分享会,也叫读书会,是读者与作者、读者与作品、读者与读者之间重要的交流方式。我很荣幸能在课题组成员的指导下与我们初一(2)班的孩子们共同完成整本书的阅读分享。这本书叫作《呼兰河传》。

在上这节课前,我先进行了准备,我设置了一个半开放的题目《＿＿＿＿的呼兰河》。要求孩子们看完整本书后,用自己的话写写感受,不限字数。这一项准备很重要,从孩子们的写作中,我能拟定我的分享主题,就叫《我眼里的呼兰河》。

孩子们眼里的呼兰河是多样的,是美好的,是愚昧的,是自由的,是丑陋的。基于此,并参考了《不妨这样教作文》的读书分享会实录内容,我把分享会分为三个部分,第一部分是温馨、美好、自由的呼兰河,第二部分是愚昧、凄凉、悲惨的呼兰河,第三部分是作者萧红的情感和态度。

课堂开始时,我先跟孩子们进行互动:"呼兰河"是一条河吗?它在哪呀?是谁的故乡?萧红的《呼兰河传》给你怎样的总体感受?通过与孩子们的一问一答,带领孩子们再次回忆《呼兰河传》的内容,由书及人,让孩子们猜猜长大后的萧红是一个怎样的人。最后，播放萧红一生的视频简介，形成巨大反差，她的作品虽然带着一些忧伤、凄凉，但总体给孩子们的感受是童年的自由和美好。视频中，萧红的一生都是苦难的，这引发了孩子们的第一个思考：为什么她的文字不会感染上她的苦难？因为在这些苦难下，她的童年显得尤其幸福与温馨。

接下来，带领着孩子们一起去感受呼兰河的温馨、美好与自由，小萧红的快乐童年是祖父给的，孩子们也纷纷分享了他们找到的爷孙俩相处的日常。"祖父戴一个大草帽，我戴一个小草帽，祖父栽花，我就栽花，祖父拔草，我就拔草。"多么温馨。除了祖父，小萧红的快乐也来源于家里的后院，孩子们分享描写后院的句子时，是开心的、快乐的，带着回忆自己童年的快乐，他们也了解了小萧红童年的快乐。有一段引起了很多孩子分享的共鸣。"黄瓜愿意开一个谎花，就开一个谎花，愿意结一个黄瓜就结一个黄瓜。若都不愿意，就是一个黄瓜也不结，一朵花也不开，也没有人问它似的。"

此时，又一个转折，让孩子们猜猜《呼兰河传》的创作背景。看完背景视频后，孩子们又产生了一次震撼，原来《呼兰河传》是萧红生命最后两年创作的，是她忍受着疼痛创作的，是她悲惨人生的落幕之作，从而说到《呼兰河传》里也有愚昧、凄凉、悲惨。孩子们分享了小团圆媳妇、有二伯、冯歪嘴子等人，每一个人物都是鲜活的，各有各的悲。

阅读不仅要基于文本，也要深挖文本中作者的情感与态度。接下来，我带领着孩子们深挖，以"冯歪嘴子"为例，探究萧红对他的态度，而得出，萧红与呼兰河的群众不一样，呼兰河的群众是等着冯歪嘴子自杀的，而萧红是赞扬他的，赞扬他勇敢追求爱情，赞扬他坚强乐观。这也是当时病痛缠身的萧红仍然能坚持下去的原因。

到此，分享会接近尾声，我告诉孩子们这本书其实是抗战时期的作品，问孩子们它比其他抗战题材的作品好在哪里。孩子们纷纷说，能给人更多坚强，更多鼓励。我也希望这本书给孩子们更多鼓励，更多温暖，更多阅读乐趣。

这节课是存在遗憾的，到了结尾时，没有扣题"我眼里的呼兰河"，视频的节选也不够完美，但孩子们的表现是完美的，非常感谢初一（2）班同学们的配合，整节课气氛都非常活跃，同学们回答问题非常积极。

"我眼中的呼兰河——《呼兰河传》读书分享会"观课感

张巧媚

2024年10月28日，课题组谢瑞婷老师在初一（2）班开展了一节"我眼中的呼兰河——《呼兰河传》读书分享会"公开课。

读书会，是读者与作者、读者与作品、读者与读者之间重要的交流方式。开读书会，碰撞思想的火花，会让同一块土地结出更丰硕、更多样的果实。开好读书会，还能在读者群体中起到激趣、启智、传帮带的作用。开好读书会，让学生参加读书会，学生的阅读习惯就会慢慢地培养起来。

谢老师由"呼兰河是一条河吗?"的问题进行课程导入，这个问题不仅与课程内容紧密联系，还迅速吸引了学生和老师们的注意力。

紧接着谢老师通过与学生们一问一答的形式，初步让同学们了解了《呼兰河传》的简要背景和内容。随后谢老师为同学们播放了一段关于萧红生平的视频，帮助同学们进一步了解作者。在看完视频后，谢老师通过提问，进一步引导学生感受萧红。"萧红的苦难是由什么造成的?""萧红面对这些苦难又是怎么做的?"……

随后谢老师提出了更深刻的问题，引发学生们深度思考："为什么她的文字不会感染上她的苦难呢?"谢老师不仅鼓励同学们踊跃思考，还准备了奖品——同学们"无法抵抗"的薯片，这使得课堂氛围非常活跃。一位又一位学生站起来回答问题，这个时候谢老师巧妙地表扬与鼓励学生，使学生的思想活跃、情感激发。学生回答完毕后，谢老师做总结："也许正因为她经历了这些磨难坎坷，回过头来看她的童年时代，反倒算是最幸福的时光了。"教学环节完整、深刻。

接着谢老师先后引导学生们分享了"关于呼兰河的温馨、美好、自由"，"关于呼兰河的愚昧、凄凉、悲惨"。一个个角色出现在学生和老师面前，"我"与祖父、小团圆媳妇、冯歪嘴子……在分享的过程中，谢老师在PPT

中插入了原文选段、图片和视频，这些内容不仅非常贴合课堂内容，还能十分恰当地帮助学生们对人物和情节的想象与理解。

谢老师的课堂，真正做到了以学生为主，让学生们在课堂上获得了更多自主感悟、自主思考、自主表达的学习体验。

这无疑是一节成功的公开课，但如果时间可以再多一点，谢老师在每个教学环节的结束前做个小总结："我眼中的呼兰河是这样的……"（紧扣主题）再多设计一个环节："学生们分享我眼中的呼兰河"，相信这节公开课会更加精彩！

读书分享会——整本书阅读的好形式

葛成石

脱离整本书的阅读，就不是真正意义上的阅读。例如冯歪嘴子的故事放在《呼兰河传》，我们读到的是生命的韧度，如果放在别的某本书，可能讲述的是关于脱贫的励志故事。也就是说，"书"离开了"整本"，就并非其本来面目了。整本书阅读的重要性已无须赘述，我更想借谢瑞婷老师这节读书分享课，说一说整本书阅读的好形式。

整本书阅读最让语文老师感到困惑的是，在原有教学任务不变的情况下，该如何操作？一方面时间上不允许在课内完成，另一方面对学生阅读的自觉性也不可不怀疑。如果想通过布置大量作业来起到检查督促作用，加重学业负担不说，还可能从此让学生更害怕阅读了。而读书分享会，基本上消除了这些困惑。

开课前，谢老师已布置学生利用国庆假期阅读《呼兰河传》，同时布置了一道半开放的作文题目：《_____的呼兰河》。横线处可填的词语有：自由、美好、温馨；愚昧、凄凉、悲惨……这样的题目不难，读了一本书，总会有个整体印象，而且这种印象是允许个性化的、多元的。

课堂上，既然说是分享会，就要和平常的课堂区分开。平常课堂上的分析人物形象、环境描写和思想主题，分享会上都没有，取而代之的是，整节课是通过电影片段、学生发言和老师评价来完成的。课堂上的轻松愉悦，这是阅读本来的状态，甚至可以说是语文课本来应有的样子。语文就应该是青春的、阳光的、百花争艳的。从学生发言来看，他们中不少人，确实是真正有话要说，也真正在说自己想说的话。后排有个男生，每个环节都将手举得高高的，无奈个子矮，又坐到了最后，听课老师都为他着急。让学生有表达欲，这不也是一节成功的语文课的体现吗？

当然，受条件制约，这节课也有些遗憾之处。一是一节课时间，学生的表达欲得不到充分释放。有些没机会发言的，可以择优发布一些书面作文。二是形式上还不够创新，整体氛围受了影响。学生答问可以采用访谈的形式，这样全体学生的注意力就可以聚焦讲台，而不至于由老师频繁地穿行于各个角落，影响了分享的顺畅进行。三是串词还可以进一步打磨，最好是按校本教材要求，除了主讲人，还要一个主持人，两人在对答过程中，像剥竹笋一样将作者的情感、态度、价值观逐步呈现出来。

充分发挥好读书分享会的作用，这对整本书阅读是能起到很好的推动作用的。同人们不妨一试。

跋

人对了,一切就对了

柳宗元的《种树郭橐驼传》讲的是为官治民的道理,但我怎么读都觉得是一篇谈论教育话题且达到鞭辟入里之境界的好文章,今天再读依然受用。树长不好,不是植树者疏于栽培,恰是因"旦视而暮抚,已去而复顾。甚者爪其肤以验其生枯,摇其本以观其疏密,而木之性日以离矣"。如今的受教育者,比这树的命运更凄惨,家中一个娃往往有六个大人竞相关爱,到了学校又有老师将知识点嚼得稀巴烂,各种作文模板就是如此炮制而成的。最后也只能落个"木之性日以离矣"的下场——人已不再是原本的人了,自身的生长能力也逐渐消磨殆尽了!

教书育人的主体应是"人",而现实中发现有不小偏差,变成了课本、教辅材料、试卷、题目、分数。课文讲通了,试题讲透了,但钻研、思辨、表达、创新等能力并没有提高,甚至本来有的能力也惨遭破坏。我们必须做出努力的,就是要让早已在各学校根深蒂固的升学数据、人才称号、学校品牌等抽象符号,真正为具体的"人"所替代。

说到具体的"人",就离不开"人格"这一概念。

人格是由人的性格、气质、智力等构成的稳定的综合体。人格比人性更高一个层级,人性是人区别于其他物的特性,人格是一个人区别于其他人的特性。简言之，人性是衡量一个人做得像不像人，人格是衡量一个人是不是正常的、健全的、高尚的人。

知道了什么是人格，我们就可以来谈一谈，我们的教育首先应该做点什么。提起这个话题，肯定有人会说要将人培养成学识渊博的、综合素质高的栋梁之材。但从哪里做起呢？我想应该是人格塑造，这是首先要做的。如果一个人不正常，那就什么也做不了；不健全，那就什么也做不成；不高尚，那所做之事就不会对他人、对社会有好处。相反，人对了，一切就对了。我们的古人提出"修身、齐家、治国、平天下"，修身是排在前面的，其实修身就是塑造人格的最早的提法。首要的事没做好而谈其他，是不符合规律的，困难和阻力也就可想而知。

为什么中小学教育一直饱受诟病？大概就是没有从更简单、更切合实际的事情做起，着眼点不是在"人"，而是在"分"。在各种批评的声音中，炮轰应试教育者居多。所谓应试教育，就是唯分数论支配下的教育，就是片面追求升学率的教育。其实提出这样的批评并不新鲜，倡导素质教育也不算什么高见，韩愈就曾对只讲授知识、不传播道理的教育声色俱厉，指出这是"小学而大遗"；更早的孔子就懂得"行有余力，则以学文"的道理。为何明知不对，又世世代代难以改变？其中必有不可违逆的现实规律。一件事难以推行，或是因为其曲弥高，其和弥寡，对于跳起来都够不着的桃子，人们往往会选择放弃。主动将调子降一降，才是智者之举。孔子就有这样的智慧。学生问他是不是要周济众生才算仁啊？孔子说这哪只是仁啊，这简直是圣了，你只要做到"己欲立而立人，己欲达而达人"就行了。你若是对喝着玉米粥的人说，要给他人饺子吃才算好人，那世上就没有好人了；你若是说，分一口玉米粥给他人就算好人，那世上才会有越来越多的好人。所以，我认为对那些只能凭高分才能上好大学的人说素质比分数重要，这不仅无效，而且喊多了人家还要逆反，干脆将已有的素质都抛弃了，反正都说我没素质。

并不是说素质教育没有实现的可能，而是在相当长的时间里我们还没有现实基础。什么时候才能实现？要等到每个人都能轻松上大学，大学再没有一流二流之分的时候。那么目前不用作努力了吗？不是，可以借鉴孔子的智慧，退而取其次，先做好人格教育。人格教育与素质教育相比，人格在前，素质在后；人格层级更低，素质层级更高。素质是由包括人格在内的更全面的因素构成的复杂的概念。当你无力去让每个人都能具备各种素质时，可以让每个人先做好他自己，总比为了追求高素质，连人格都丢了的好。

一个有健全人格的人，他能分清好坏，也许他并不立志做个好人，但他会自觉地避免成为坏人；他能认清方向，也许不能将每一件事做到最好，但他至少不会随波逐流去做坏事；也许他没有很崇高的理想信念，但他能控制自己的情绪，将一件想做的事坚持做下去。一个人不怕资质差，不怕素质不全面，最怕的是没有自己的想法。而让一个人变成有想法的人，就需要人格教育。

人格教育和应试教育之间少有违和感。举个例子，阅读是人格塑造的极好的方法，阅读教给人思想，阅读修养人的心性，阅读让学生知道他想要什么又如何去得到——阅读和应试教育有冲突吗？没有，特别是如今的考试，阅读能力差的人简直要绝望。所以，人格塑造不仅不耽误应试，还对应试有利。按照健全的人格去塑造一个人，让他有更强大的内心，从而产生更强大的内力，这对学习以及其他方面都会有促进作用。因为一切事情，内因是最稳定最重要的，内力是最强大最有效的。如果老师能从塑造学生健全的人格入手，这对于教会学生写作文，使之能够独立思考，提高其钻研和解决问题的能力，是会取得事半功倍的效果的。

以作文教学为例，素质教育从题目解读、方法传授、强化训练入手，着眼点在"物"，而人格教育是让学生爱上阅读、参与生活、辨别是非，着眼点在"人"。从"物"入手，学生学到的是一道题、一种思路、一个模板，而从人入手，让学生爱阅读、爱生活、做一个明事理善思考的人，就能写出很多生活鲜活、个性鲜明的作文来。也许有人会问，学生天天关在校园，哪有什么生活？其实校园生活也是生活，书本上也有生活，课堂也在模拟生活。为什么新课标强调课堂教学有真情实境？为什么考试强调无情境不命题？一方面是告诉大家，教学不能与生活实际脱轨，另一方面也给了我们启示：优质的教案、课堂是有生活作为源头的。

最后想说的是：不要为了素质教育，天天做表里不一的事；也不要为了应试教育，天天做于事无补的事。树有树生长的特性，人有人成才的规律。不要试图让松树长出宽大的叶子，不要指望禾苗一夜间长出金灿灿的稻穗。只要阳光在，雨露在，你就安心在树下歇着，生长是它自己的事，你管不了。

图书在版编目（CIP）数据

不妨这样教作文/ 葛成石著. -- 北京：中国人民
大学出版社，2025.3. -- ISBN 978-7-300-33614-5
Ⅰ.G633.342
中国国家版本馆 CIP 数据核字第 202522LC08 号

不妨这样教作文
葛成石　著
Bufang Zheyang Jiaozuowen

出版发行	中国人民大学出版社		
社　　址	北京中关村大街 31 号	邮政编码	100080
电　　话	010 - 62511242（总编室）	010 - 62511770（质管部）	
	010 - 82501766（邮购部）	010 - 62514148（门市部）	
	010 - 62515195（发行公司）	010 - 62515275（盗版举报）	
网　　址	http://www.crup.com.cn		
经　　销	新华书店		
印　　刷	北京昌联印刷有限公司		
开　　本	720 mm×1000 mm　1/16	版　次	2025 年 3 月第 1 版
印　　张	13.5	印　次	2025 年 3 月第 1 次印刷
字　　数	191 000	定　价	44.00 元

版权所有　　侵权必究　　印装差错　　负责调换